ARAGON

ARAGON

UN PORTRAIT

PAR DANIEL WALLARD

ÉDITIONS CERCLE D'ART

Il n'y a pas de lumière sans ombre. Un livre sans ombre est un non-sens, et ne mérite pas d'être ouvert. Rien n'est dangereux comme les belles images, c'est avec cela qu'on pervertit les esprits.

J'ABATS MON JEU *(E.F.R.)*

© Éditions Cercle d'Art. Paris 1979.
ISBN 2-7022-0134-2

le jeu de l'objectif et de l'enregistrement

« Je te regarde. Naturellement tu as changé depuis 1936, nous avons tous changé mais pour moi tu es toujours le petit garçon que j'ai connu à Lille. Je ne te trouve pas très différent. Oui, dix ans après, nous sommes allés ensemble parler de la poésie pendant l'occupation, cela intéressait encore les gens. Je me souviens de tout. J'ai une mémoire complète. »

Maintenant Aragon appelle souvent « mon petit » ses amis sexagénaires mais, à cette époque, cette appellation tendre m'avait touché au cœur. J'avais dans les vingt ans, la rencontre, la première rencontre avec le poète, enfant terrible de la poésie allait marquer ma vie sans que j'aie pu motiver, m'expliquer le déroulement de nos relations à partir de cette date. Elles n'étaient pas fortuites puisqu'elles ont duré jusque maintenant, avec des espaces de silence, interrompu tout à coup par un cri du genre : «Allo! ne coupez pas! »... Il y a eu de ma part une inlassable curiosité, de la sienne une grande patience, de l'indulgence peut-être, toujours un intérêt chaleureux, qui n'ont jamais été démentis.

Aragon régnait déjà sur la poésie ou du moins sur mes choix poétiques, comme Mozart, pour moi, règne sur la musique. Avec lui, ainsi apparu, la poésie rejoignait mon engagement social et le justifiait d'une manière éclatante.

Je devais le retrouver peu après à Argenteuil, au congrès des « Maisons de la Culture » Il était là avec Elsa, que j'admirai aussitôt pour cette beauté intelligente, que je dirais slave, et ce charme qui lui était naturel. C'était la compagne que je pouvais imaginer pour mon poète.

Après il y eut le grand trou noir de la guerre, Aragon mobilisé pour la deuxième fois, partait dans le Nord comme médecin auxiliaire — puis l'exode, les amis dispersés aux quatre coins d'une France meurtrie. En 1942 ou 1943, je retrouvai Elsa et Aragon dans le bureau de Jean Paulhan, au numéro 5 de la rue des Arènes. Quelle émotion! quelle surprise aussi!

Elsa n'avait guère changé mais lui me stupéfia, je le regardai longuement, il y avait quelque chose du désastre qui avait passé en lui. Il avait sans doute embelli, avec un air de douceur, de bonté que je ne lui connaissais pas et — c'est ce qui me frappa au premier regard — il

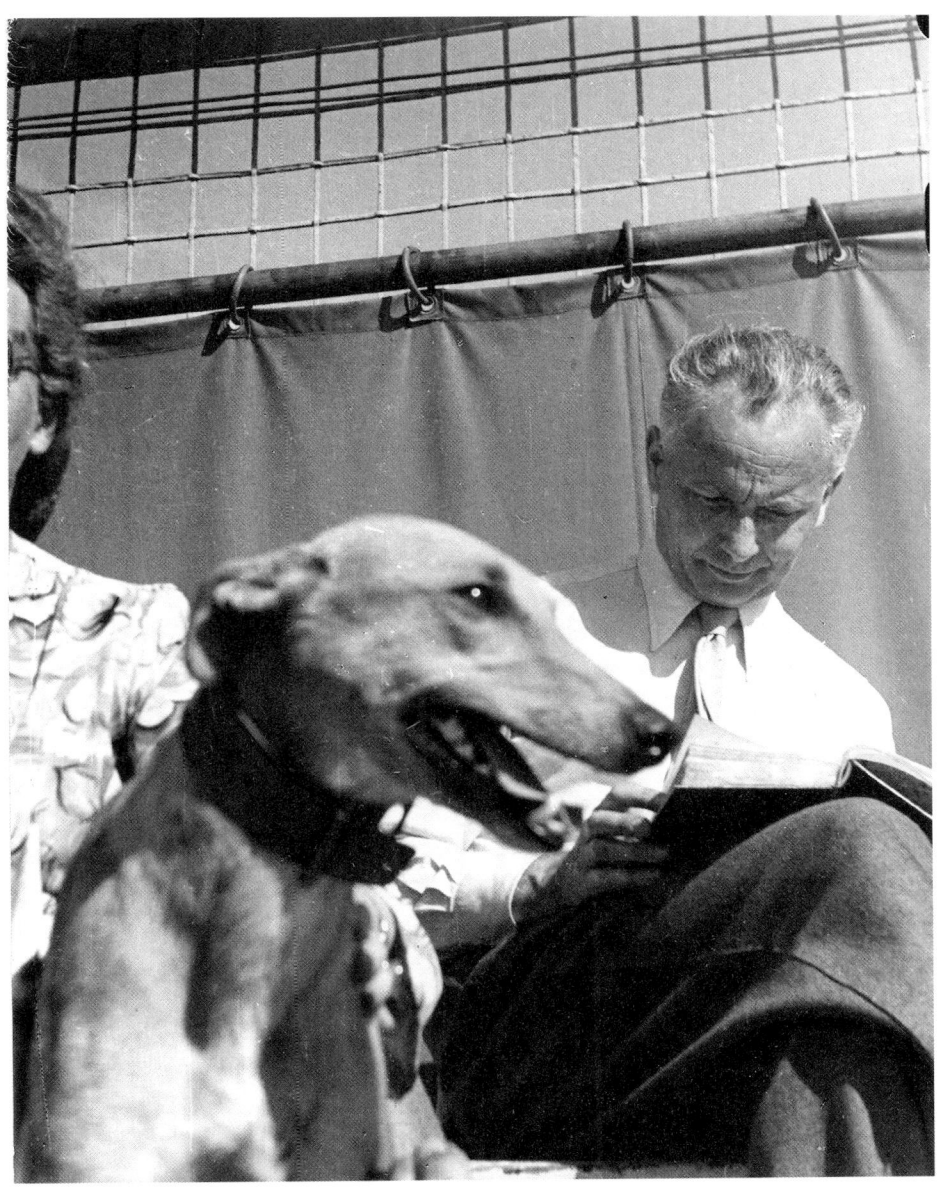

avait les cheveux tout blancs. Je les revis plusieurs fois chez Paulhan où ils venaient pour les éditions clandestines ou pour « Les Lettres françaises ».

J'allais les revoir rue de l'Elysée, au siège de ce « Comité national des écrivains » — le CNE — qui eut malheureusement une existence éphémère. Là, rue de l'Elysée, dans un immeuble cossu — curieusement il appartenait à la nièce de Monsieur André, un magnat des casinos, et elle l'avait loué pour très peu d'argent — je montais un grand escalier, à la fois luxueux et poussiéreux et je voyais réunis sur la même banquette, Duhamel, Eluard, Paulhan, Guehenno, Mauriac réticent et, bien sûr, Aragon. Je croyais que tout était possible, je retrouvais un instant l'élan des promesses de *1936*, les espoirs recommencés. J'allais ensuite rejoindre Elsa et Louis, rue de la Sourdière, non loin de l'avenue de l'Opéra et peu à peu je devins leur familier. Elsa préparait, dans une cuisine exiguë, des repas dont j'ai gardé peu de souvenirs, nous écoutions parler Louis. Il était, la plupart du temps, intarissable tandis que je restais muet et attentif à ses propos. « *Avec toi — me reprochait Elsa — c'est plutôt une interview qu'une conversation, tu poses quelques questions amicales, intéressantes, Louis commence à parler et on ne sait plus rien de toi...* ».

Il est vrai que j'écoutais beaucoup. Que n'ai-je tout photographié moment après moment, tout enregistré, tout noté de ces années devenues lointaines ! Malheureusement la passion de la photographie n'était pas encore née en moi, les magnétophones peu communs, réservés aux spécialistes et ces moments se sont déjà affaiblis.

J'avais fait souvent, avec un appareil des plus simples, quelques photographies d'Aragon. Elles étaient loin de me satisfaire, c'étaient des images pour l'album de famille. Le jeu photographique commença assez maladroitement en *1946*, lorsque le poète vint avec Elsa me rejoindre à Trouville où je m'étais établi, où je vis encore. Il y séjourna plusieurs fois au long des années. Le jeu des photographies allait s'amplifier jusqu'à prendre pour moi une gravité, une importance réelle, à partir du moment où Elsa autant que Louis s'y prêtèrent, m'encourageant, me signalant parfois les progrès, assez lents il est vrai. Ils n'étaient pas visibles ni évidents pour moi, équipé d'un appareil modeste que je jugeais suffisant, l'amitié, l'enthousiasme et la persévérance devant y suppléer.

Heureusement mon matériel s'améliora peu après. Dans les années qui allaient suivre, j'ajoutai aux images l'enregistrement des conversations sur ce qui nous occupait, sur ce que je ne savais pas toujours et que nous avions en commun : la poésie, le quotidien, avec la qualité humaine, les espoirs partagés, une certaine exigence. Ces enregistrements s'accompagnaient d'images successives, ils annonçaient le personnage définitif que j'allais retrouver en *1975* après un accident grave, puis en

La femme des temps modernes est née,
et c'est elle que je chante.
Et c'est elle que je chanterai.

LES CLOCHES DE BÂLE *(Denoël)*

Ce double mystère parmi
Les connaissances triomphantes
Ma femme sans fin que j'enfante
Au monde par qui je suis mis.

LE FOU D'ELSA *(Gallimard)*

1976 lorsqu'à mon tour et dans les mêmes conditions, j'allais être blessé et immobilisé pour plusieurs mois. Il m'avait précédé dans une épreuve difficile. Je lui avais fait signe plusieurs fois, accompagnant sa lente convalescence, par la suite il accompagna la mienne. Il vint me voir, dès que je pus prendre des cannes, marcher à sa rencontre et reprendre un dialogue trop longtemps interrompu.

Nous ne nous sommes plus guère éloignés l'un de l'autre. Lui, qui n'était jamais seul quand Elsa vivait, était maintenant un homme seul, définitivement, malgré les compagnons qui se succédaient autour de lui. J'avais vieilli sans le savoir, je m'étais approché d'une manière imprévue, par des textes quotidiens, par des dessins sans importance réelle, où je mélangeais le passé et le présent, par des photographies sans cesse modifiées par la lumière, l'humeur ou les circonstances de nos rencontres presque mensuelles. A la manière d'un fils qui retrouve un père longtemps éloigné, dont toujours il a eu quelque crainte et qu'il essaie de connaître pour se connaître mieux lui-même.

C'est vrai que j'avais toujours été confiant et détendu, parfois même désinvolte avec Elsa et, par contre, toujours un peu contraint et réservé devant le personnage secret du poète. Je nommais indulgence, ce qui était le début d'une profonde amitié avec une inexplicable bienveillance pour l'homme resté un peu flou que j'étais encore.

Plusieurs fois Elsa et Louis sont intervenus dans une vie personnelle assez compliquée, comme le sont beaucoup de vies, en essayant avec moi de dénouer les fils enchevêtrés des passions, des obligations et des choix difficiles. Je n'en avais pas toujours conscience, c'est ainsi que la vie s'est faite. Ils m'accompagnaient à distance. Je trouvais cela naturel. Inconsciemment, poussé par les événements ou non, j'ai pris des décisions, fait des choix que le poète paraissait encourager, approuver. C'est ainsi que j'ai pu lui confier des choses de la vie que je n'avais jamais dites à mon père, depuis disparu. Il a connu ma mère, davantage encore ma grand'mère paysanne dont le franc parler l'amusait. Elle évoquait pour lui cette arrière-grand'mère Toucas, celle de Soliès, qui lui avait appris

à se méfier des familles, à y choisir ses pairs, en gardant méfiance des autres, prodigues en avanies.

Il est resté le témoin de ma vie, rarement un témoin silencieux. Il m'avait dit : « Tu as des dons divers, sinon tous, tu ne t'en sers que pour embellir tes jours mais — enfin — tu parais heureux ! Ce qui me frappe en toi, c'est la continuité... » Tout a continué. Peu à peu mon poète est devenu le vieil homme puis le vieillard, j'ai continué dans l'optique, celle de mes objectifs et celle du regard, l'optique de mon adolescence. Nous nous sommes rapprochés mais ce n'était plus l'admiration pour le poète ou l'écrivain célèbre qui déterminait ou motivait ma démarche, c'était l'approche d'un homme qui me faisait totalement confiance, qui voyait en moi quelque chose que, sans lui peut-être, je n'aurais jamais clairement discerné.

Il souriait souvent en me regardant comme on ne regarde pas un photographe, me disant parfois ce qu'il ne pouvait plus dire à Elsa sur cette enfance meurtrie, sur sa mère au cœur fidèle et tendre, sur cette famille qui l'avait si cruellement repoussé, sur ce qu'il avait rêvé d'être et comment il était devenu Aragon lui-même, à travers des montagnes d'écritures et de jours passés devant sa table, attentif à ce

De la femme vient la lumière. Et le soir comme le matin autour d'elle tout s'organise.

LE ROMAN INACHEVÉ *(Gallimard)*

bruit qu'il entend encore dans l'écho tragique d'un sonnet de Mallarmé, signal de l'amour perdu, de l'espoir et du désespoir consumés dans une ritournelle au seul usage du poète :

> « ce me va hormis l'y taire
> que je sente du foyer
> un pantalon militaire
> à ma jambe rougeoyer »

J'ai accumulé les visages, les enregistrements, parfois de peu d'intérêt, parfois bouleversants, comme si chaque fois en ouvrant l'objectif, en captant une phrase, j'ajoutais quelque chose à ce que j'avais trouvé de lui, une lumière, un nouveau regard sur la singulière aventure commencée avec la mère irremplaçable (je n'ai aimé qu'elle) puis les femmes *différentes, puis la femme qui les signifiait toutes et enfin tous les hommes retrouvés dans un chant général.*

Je parcourais avec lui les chemins qui convergeaient vers une vérité poétique, une lumière si forte qu'elle éloignait pour toujours la solitude et le désenchantement.

Il ne s'agissait pas, en réunissant des images successives, en retirant des phrases du discours quotidien, des confidences chuchotées d'apporter un témoignage critique, littéraire ou social. J'avais dessein d'approcher au plus près d'un homme, qui fut pour moi providentiel, qui a accompagné ma vie et que j'ai toujours admiré, même dans les contradictions apparentes.

C'est cette tentative que j'essaie de continuer selon les circonstances et les moments où nous sommes ensemble. Il a souvent été submergé par mes images mais chaque fois étonné de se trouver différent : « Tu ferais aujourd'hui cent images de moi qu'aucune ne ressemblerait à une autre. Alors dis-moi comment s'y retrouver ? » et à propos des enregistrements : « Tu es toujours accompagné de cette boîte, comme si quelque chose allait se perdre de ce que nous disions, qui n'a aucune importance. »

De sorte que je ne savais plus ni où j'étais ni où j'allais, encombré de ces appareils magiques, à la recherche d'une vérité qui resterait approximative. Mais je voudrais que tout ceci du moins permette de mieux connaître l'homme qui est à coup sûr le plus grand écrivain de ces temps.

DANIEL WALLARD

la naissance

Dès que je m'éloigne, Paris me manque. Oui j'ai toujours vécu ici. Tu sais, je suis né sur l'Esplanade des Invalides. Ma mère traversait, il y avait des arbres à cette époque du côté des monuments et brusquement j'ai mis le nez à la fenêtre. Ma mère m'a raconté. Elle était couchée sur le trottoir. Il y a des gens qui l'ont emmenée tout de suite et, chose curieuse, à trois pas de là une des maisons était une clinique, une maternité et c'est là que je suis né. J'aurais pu naître là sur le trottoir, ma mère était tombée, j'avais mis le nez à la porte. Ma famille habitait une maison près de cet endroit, elle a été démolie et pour que l'apparition d'un nouveau-né ne soit pas un scandale au nez des concierges, des voisins, on m'a aussitôt envoyé en Bretagne et là j'ai eu une nourrice bretonne, qui m'a donné son sein dès le premier mois.

J'y suis resté neuf mois car il s'agissait de cacher la honte de ma mère, qui n'était pas mariée. Quand je suis revenu la famille n'habitait plus dans cet endroit qui avait vu l'horreur de ma naissance. On avait choisi une autre maison dans une autre rue, au numéro 13, mais on disait le 11 bis pour conjurer le sort.

Il est passé comme un vol de perdrix le temps des chapeaux.

THÉATRE / ROMAN *(Gallimard)*

La rose naît du mal qu'a le rosier
Mais elle est la rose.

Le roman inachevé *(Gallimard)*

la pharmacie du port

anc⁰ⁿ pharmacie lacoste

face la poissonnerie

trouville - sur - mer

téléph. 60-59

IL N'Y A PAS D'AMOUR HEUREUX

recopié par l'auteur le 29 juillet 1946 pour

d. wallard

Rien n'est jamais acquis à l'homme Ni sa force
Ni sa faiblesse ni son cœur Et quand il croit
Ouvrir ses bras son ombre est celle d'une croix
Et quand il croit serrer son bonheur il le broie
Sa vie est un étrange et douloureux divorce
    Il n'y a pas d'amour heureux

Sa vie Elle ressemble à ces soldats sans armes
Qu'on avait habillés pour un autre destin
A quoi leur peut servir de se lever matin
Eux qu'on retrouve au soir désœuvrés incertains
Dites ces mots Ma vie Et retenez vos larmes
    Il n'y a pas d'amour heureux

Mon bel amour mon cher amour ma déchirure
Je te porte dans moi comme un oiseau blessé
Et ceux-là sans savoir nous regardent passer
Répétant après moi les mots que j'ai tressés
Et qui pour tes grands yeux tout aussitôt moururent
    Il n'y a pas d'amour heureux

Le temps d'apprendre à vivre il est déjà trop tard
Que pleurent dans la nuit nos cœurs à l'unisson
Ce qu'il faut de malheur pour la moindre chanson
Ce qu'il faut de regrets pour payer un frisson
Ce qu'il faut de sanglots pour un air de guitare
    Il n'y a pas d'amour heureux

Il n'y a pas d'amour qui ne soit à douleur
Il n'y a pas d'amour dont on ne soit meurtri
Il n'y a pas d'amour dont on ne soit flétri
Et pas plus que de toi l'amour de la patrie
Il n'y a pas d'amour qui ne vive de pleurs
    Il n'y a pas d'amour heureux
    Mais c'est notre amour à tous deux

Aragon.

Il y a une chose qui est interdite aux critiques, c'est de déposer des commentaires le long des images.

ARAGON.
CHRONIQUE DU BEL CANTO *(Skira)*

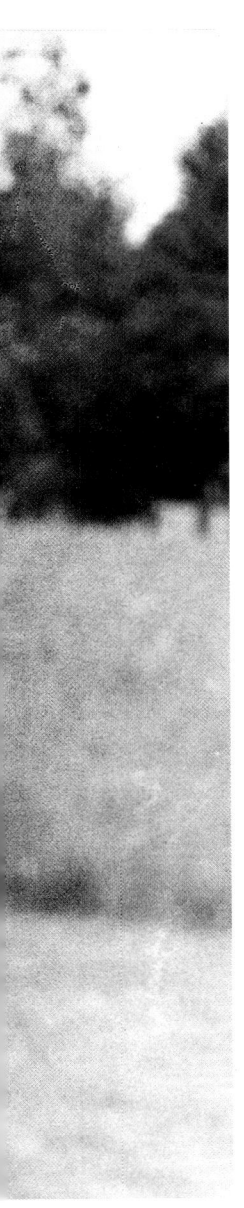

l'enfant ❧ Ce qui me manque c'est une date, tu sais ce que je demande. Je le demande à toi dans les circonstances présentes, pour quelle période de l'année avez-vous l'intention, ta femme et toi de me présenter à votre demoiselle, car ce garçon que tu m'annonces, sera une fille, oui sans aucun doute...

La dernière image montre que ta femme est en bonne santé. Dis lui que nous attendons ce mois de septembre avec un intérêt considérable parce que c'est vrai, cette naissance est une chose qui change la vie et c'est extrêmement important, plus important que tout ce que nous avons fait ou pourrons faire. Oui.

Il y avait dans l'envoi que tu m'as fait hier des images tout à fait charmantes, en particulier la dernière photographie de la petite, elle est ravissante. Je ne sais pas encore où je vais la mettre dans ma chambre avec le contexte des choses que j'aime, cette image est absolument merveilleuse. Elle montre chez cette enfant de deux mois une sorte de compréhension. Tu sais je crois qu'elle sera intelligente.

Naturellement on ne sait pas ce que peut devenir un être entre cet âge et vingt ans mais, comme je ne serai plus là pour voir cela, je tiens à ce que ce que j'aurai vu soit bien traité et je veux en prendre soin.

Elle est charmante. Le côté intelligence est si évident sur ce visage que c'est très extraordinaire et réconfortant pour moi. Cela est venu rapidement.

Les oiseaux fuient quand on approche
Mais de quoi parlaient-ils entre eux

Ils volent et les chiens se couchent
Ouvrant tout grands le noir des yeux
Une eau pure sort de leurs bouches
Façon de dire sans parler.

ARAGON — Extrait de LE DIT DU HAUTBOIS
Inédit

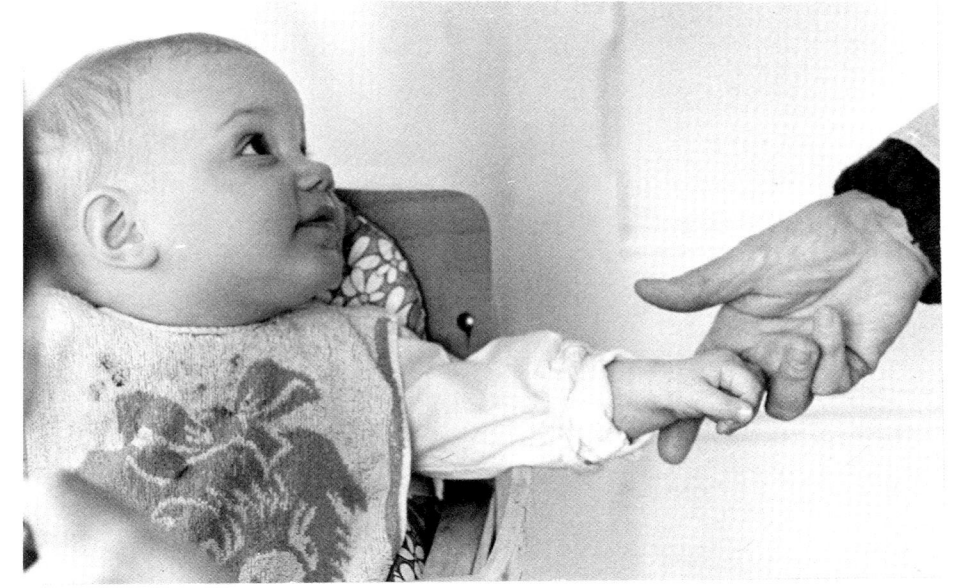

Prends sa main dans ta patte ancienne
Écoute l'enfant gazouiller
Voici ces yeux qui viennent et reviennent
Sur tes mains comme sur les siennes
Conter pour toi les jours anciens.

Extrait de Le Dit du Hautbois
Inédit

Moi j'ai tout donné mes illusions
et ma vie et mes hontes
Pour vous épargner la dérision
De n'être au bout du compte
Que ce qu'à la fin nous aurons été.

    LE ROMAN INACHEVÉ *(Gallimard)*

le père   Ah ! oui. C'est mon père qui m'a appris à distinguer les vins. Je ne l'ai pas oublié ce père mais sauf qu'il m'a appris à boire… il ne m'a rien appris d'autre. C'était un homme d'une autre génération. Quand il est mort, il y avait deux ans et demi que ma mère faisait tout pour lui, si bien qu'elle a épargné au fils que j'étais la nécessité de prendre une garde malade, qu'il aurait fallu payer, pendant près de trois ans. Elle ne comprenait même pas ce que cela signifiait. Je lui disais : « Mais tu es folle.

Ne te laisse pas faire ! » Et puis il est mort. Ma mère me cherchait partout, j'étais introuvable. A la fin elle m'a trouvé, elle m'a dit : « Viens vite, ton père est mort. » Je suis donc allé à Passy, dans la maison qu'elle avait là-bas. Je suis arrivé, mes demi-frères étaient là. Ils me regardaient comme le diable.

Cela s'est passé dans l'escalier. Ils avaient une expression de terreur sur le visage. Ils avaient bien tort, ils ont tout eu, mon père n'avait pas laissé d'argent pour moi et je n'ai jamais rien réclamé.

Je ne les ai jamais ni vus, ni revus après cela. L'aîné des frères s'était précipité sur le côté, quand il m'avait vu monter dans l'escalier où il faisait assez noir. Il avait peur. Il croyait que je venais pour obtenir la maison ou l'argent, cela ne me ressemble guère — le malheureux ! Enfin, le malheureux — il ne faut pas exagérer. C'est un malheur tout à fait relatif.

Quand il y a eu la guerre, la deuxième, mon frère aîné est venu chez ma mère lui faire des excuses et lui dire : « Nous avons toujours cru que notre frère vivait à vos dépens, maintenant que nous avons examiné tous les papiers de notre père, nous nous sommes rendus compte de notre cruelle erreur. Je suis venu de la part de la famille pour vous dire que voilà... nous avons vu qu'en 1904 vous avez prêté à notre mère cinquante mille francs pour compenser une dette de notre père, qui avait acheté une tapisserie. Les voici. Nous savons que cet argent ne vous a jamais été rendu... » C'était une dette de 1904, nous étions en 1940, tu imagines. Il va sans dire que ces cinquante mille francs ne représentaient pas du tout l'argent de 1904. Ma mère a naturellement accepté, pour elle c'était très important, mais la conversation avec cet homme a été telle qu'elle l'a foutu dehors.

Ce qui m'indigne encore, c'est le comportement de ces gens par rapport à ma mère, c'est une chose que je n'ai jamais pardonné. Et au moins, j'ai gagné un orgueil dans ma vie, c'est

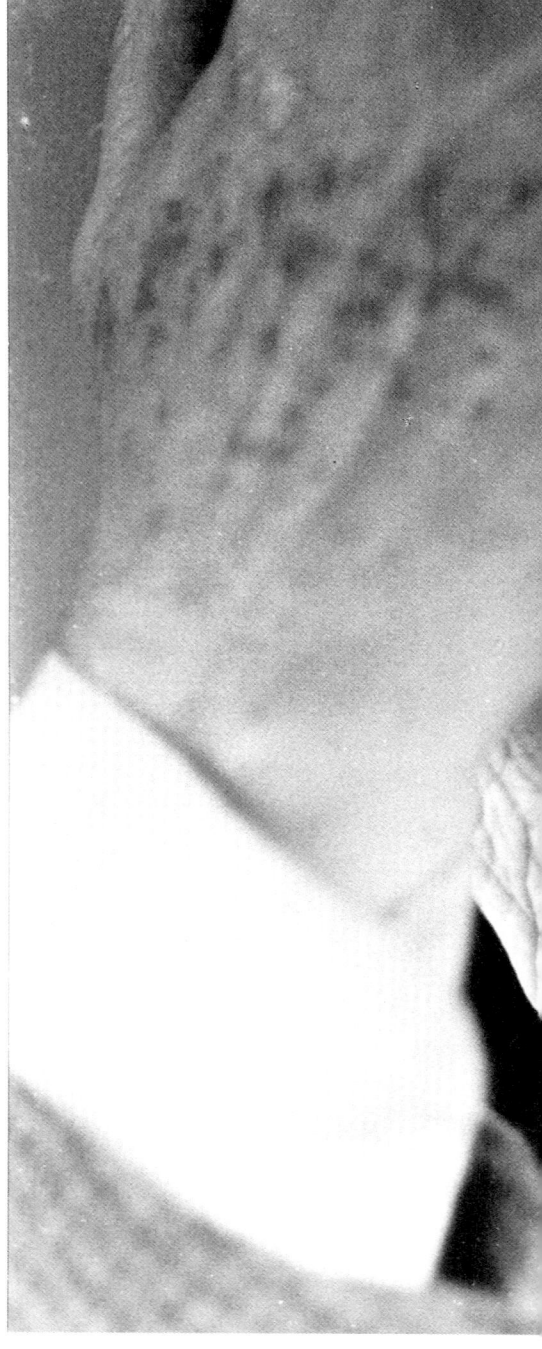

qu'avec... certaines gens, je peux leur dire : « Moi, je suis un enfant naturel, vous, des enfants artificiels. »

Tu sais que cette famille ne m'a jamais rien donné, rien, rien. A part une commode achetée au Bon Marché, du faux Louis XV, un cadeau de mon père à ma mère. Il était capable de faire des cadeaux de ce genre mais pour moi c'était un souvenir de ma mère, elle y tenait beaucoup à cause de mon

père, dont c'était le seul cadeau. Mais cela a fait des histoires et ce n'est qu'en menaçant, en montrant les dents, que j'ai pu avoir cette commode, qui est encore au moulin de St Arnoult. C'est le seul cadeau de mon père !

Cette commode fait « concierge » d'une certaine façon mais parler de ces choses me fait tousser.

La famille, il ne restait rien de ce côté, sauf ma mère, qui naturellement a survécu à cette histoire, autrement la plupart des choses et des gens autour ont absolument disparu. Il faut dire que la première guerre a tué presque tout le monde dans cette famille.

la mère   Tu ne peux pas savoir quelle hostilité je sentais dans la famille de ma mère. Ma tante Marie avait épousé un général, c'était un personnage très important, gouverneur d'une région. Et bien quand cette tante venait voir ma mère, elle téléphonait auparavant pour savoir s'il y avait quelqu'un d'autre et dans ce cas disait à ma mère : « Je ne viens pas, j'ai du monde aujourd'hui. » Tu crois que j'ai oublié cela ? Non.

Le résultat est que la famille, enfin ce qu'il en reste, est actuellement à genoux devant moi et que je les laisse — sauf ce garçon Alain Toucas, qui est très gentil. Il est avocat, il ne comprend rien à tout cela.

Chacune raconte sa vie à sa manière, mais qui peut trouver moyen de raconter *sa tête*?

Je n'ai jamais appris a écrire
ou *les incipit* (*Skira*)

Il vient de m'arriver une chose curieuse. Je ne savais plus où j'avais rangé des choses dans la pièce qui était mon bureau et là, dans un coin avec différents paquets, j'avais posé une boîte qui n'a rien d'extraordinaire, elle est comme celles qu'on voyait en 1900 en carton dur recouvert de tissu avec une serrure pour la tenir fermée. Elle appartenait sans doute à ma mère, je n'avais jamais regardé ce qu'il y avait là-dedans. Aujourd'hui j'ai tourné la clef de cette boîte et j'y ai trouvé des choses tout à fait singulières, c'est-à-dire que j'ai trouvé trois documents concernant ma mère, vraiment deux au fait, puisqu'il y avait un document sans importance.

Au mois de décembre 1939, c'est-à-dire trois ou quatre mois après le commencement de la guerre, elle a été se faire établir

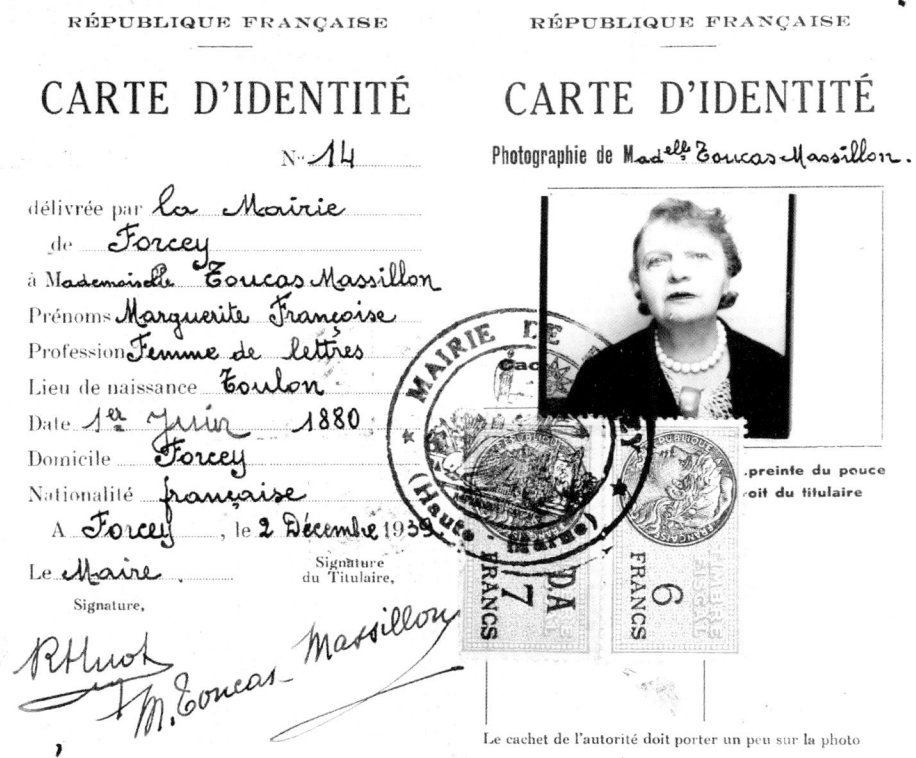

des documents. D'une part elle a pris une carte de la Société des Gens de Lettres, elle faisait depuis quelques années des romans pour des journaux de province, il fallait bien qu'elle vive de quelque chose, la malheureuse. Il y a quelque chose comme cela et puis il y a deux pièces concernant son identité, qui a été établie à ce moment là.

J'ai vu une chose que je devinais : c'est qu'elle mentait sur son âge. Là-dessus elle prétend être née en 1880. Je veux bien. Or elle était l'aînée de cinq enfants, le plus jeune était né, j'en suis sûr, en 1881. Tous ces enfants ne pouvaient être nés entre 1880 et 1881. Elle allait quitter Neuilly, où elle habitait, pour se rendre en zone sud où elle ne serait pas séparée de moi. C'est au moment où la zone sud a été établie, vers le mois de décembre. Elle a quitté Paris et elle est venue habiter quelque part dans le centre, pas exactement là où j'étais pour ne pas s'imposer, parce que tu sais que je n'avais jamais permis ni à Elsa, ni à elle de se rencontrer. Elles ne se sont jamais vues. C'était une mesure de salut public parce que l'une et l'autre, je sais bien comment cela se serait passé. Je les aimais bien, toutes les deux, mais toutes les deux étaient incapables d'être bien entre elles. Cela est sûr. Alors bon, l'une comme l'autre ont toujours gémi à ce sujet mais enfin elles ont accepté mon diktat.

la mort de la mère

J'aimais beaucoup ma mère. Elle est pratiquement morte dans mes bras, pas brusquement, elle était à l'hôpital, elle n'entendait plus très bien. Je venais de lui parler contre l'oreille, elle ne voulait pas me croire. J'essayais de lui expliquer que tout allait très bien s'arranger, qu'au mois d'octobre… cela se passait en 1942. Je le sais très bien parce que c'est au moment où

Matisse a fait mon portrait, puis celui d'Elsa. J'avais été là-bas, appelé par un télégramme, elle habitait près de Clermont-Ferrand.

Elle ne craignait pas pour elle, elle craignait pour moi, à cause de ma fausse identité. J'étais venu la voir quatre jours plus tôt, puis j'étais reparti. Elle ne me faisait pas l'effet d'être en très bon état mais j'avais mon travail, travail d'une sorte que je ne pouvais lui expliquer. J'étais donc retourné et là il s'est produit une chose tout à fait étrange, c'est que Matisse a fait de moi un nombre de portaits absolument fantastique, plus de trente-cinq. Il en faisait tous les jours et il y avait une chose qui était très frappante, je m'en suis rendu compte après, je

ne ressemblais pas à ma mère, mais imagine-toi qu'en voyant les portraits qu'il faisait de moi, j'ai reconnu la bouche de ma mère. Il ne l'avait jamais vue, c'est incroyable, il m'avait donné la bouche de ma mère. Quand je lui ai dit cela, il en a été extrêmement troublé. Il m'a dit : « J'espère que je ne vous ai pas fait mal au cœur. » Puis je suis retourné près de ma mère, j'avais reçu un mot urgent et je l'ai revue pendant trois jours, elle est morte dans mes bras.

Dans les derniers moments je parlais avec elle, j'essayais de remonter son moral, ce qui l'inquiétait, c'était l'avance de

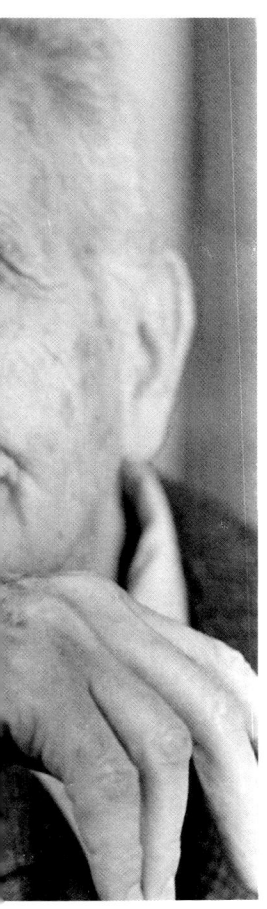

l'armée allemande, pas pour elle, elle savait qu'elle allait mourir, c'était pour moi. Qu'est-ce que j'allais devenir ?

Je l'ai rassurée, la guerre allait se terminer et je comptais bien l'avoir avec nous, avec Elsa et moi, à partir du mois d'octobre suivant… Je mentais pour la tranquilliser, cela s'est produit trois semaines plus tard, la défaite de Stalingrad, elle écoutait cela et elle est morte avec une espèce de sourire. Je l'avais rassurée sur mon propre avenir.

Je n'ai jamais oublié les gens que j'aimais, tu sais. Ma famille c'était elle, personne d'autre.

Ce qu'il m'aura fallu de temps pour tout comprendre
Je vois souvent mon ignorance en d'autres yeux
Je reconnais ma nuit. Je reconnais ma cendre
Ce qu'à la fin j'ai su comment le faire entendre
Comment ce que je sais le dire de mon mieux.

LE ROMAN INACHEVÉ *(Gallimard)*

l'arrière-grand'mère

❧ Il y a une chose que je veux te montrer sur une carte postale que j'ai conservée de Soliès Toucas. C'est une vue d'une maison ancienne où il y a une voûte, par quoi passe une petite rue qui ainsi traverse la maison. C'est la maison où habitait mon arrière-grand'mère. Elle habitait derrière ces deux fenêtres, au premier étage. Tu vois la rue avec l'ouverture ronde par quoi on devine la ville de l'autre côté et au-dessus c'est l'appartement de cette arrière grand'mère. On m'y a mené en 1904, j'avais sept ans, je ne l'ai jamais oubliée. J'y suis resté avec elle trois ou quatre jours.

On entendait passer les voitures sous la chambre, quand je l'ai vue, elle avait déjà quatre-vingt-douze ans. Elle ne s'entendait pas du tout avec la famille Toucas, avec moi si. Elle me disait avec un très fort accent : « Ne les écoute pas mon petit, ils ne disent que des bêtises et si on te raconte des choses sur moi, envoie les promener. Je n'ai jamais rien demandé à personne, je mange ce qui me plaît, je bois ce qui me plaît et je me porte comme un charme... » C'était une leçon qui était faite à l'enfant pour que l'arrière petit-fils sache... Elle me disait encore : « Le sucre, on te dit qu'il ne faut pas en manger, ce qu'on raconte sur ces choses c'est toutes foutaises. »

Je suis resté quelques jours seul avec elle, je ne l'ai jamais oubliée. Elle est morte quatre ans plus tard, elle avait quatre-vingt-seize ans. Elle était sortie, comme d'habitude, pour faire son marché et ce que m'a raconté ma mère, le voici : elle était revenue un peu fatiguée alors elle a pris place dans son fauteuil et elle s'est endormie pour toujours.

C'était la grand'mère de ma mère. Ma grand'mère par contre était absolument stupide et désagréable, ma mère n'était pas réellement sa fille, c'était de l'autre côté. Elle, l'arrière grand' mère, c'était le côté italien de la famille, probablement des paysans venus de Milan ou des environs.

la tante madeleine

J'aimais ma mère, ma famille c'était elle, sauf la tante Madeleine... il n'y a que ma mère qui a compté, sauf peut-être cette tante Madeleine, la sœur de ma mère, c'était une femme... mais c'est une autre histoire : j'étais amoureux d'elle. J'étais amoureux totalement et alors que j'étais encore presque un enfant.

Elle était d'une très grande beauté et j'ai une preuve de ceci, c'est une photographie sur une substance comme du verre mais imperméable, les images qu'on faisait à cette époque au début du siècle. Elle a une robe très jolie, une robe de soirée avec les bras nus. Je sais encore très bien ce que c'était que cette robe parce que c'était ma mère qui l'avait faite, toutes ses robes, tout ce qu'elle avait d'élégant, venaient de ma mère.

Elle était en Angleterre, où elle travaillait chez des gens à Sheffield, des gens qui fabriquaient des armes. On l'avait à peu près adoptée dans cette famille anglaise. Quand il y avait des fêtes, elle devait avoir de jolies robes et ma mère les faisait la nuit à Paris.

J'avais donc cette photographie (tu appelles cela un daguerréotype), cette chose et puis un jour je l'ai vu tomber par terre en mille miettes. Je n'ai plus rien, pas une seule image. Elle était vraiment très belle. Elle est morte pendant que je faisais mon service militaire, j'avais donc 22 ou 23 ans quand elle est morte en 1919.

Son premier mari était un Anglais, le neveu d'un homme important, Hamilton de la famille des Hamilton, dont parle Alexandre Dumas dans un roman. C'était donc un de leurs descendants, un homme très, très charmant. Il a été tué tout au début de la guerre et enterré en France à un endroit où j'ai été beaucoup plus tard. Pendant la deuxième guerre j'étais mobilisé, dans le Nord comme tu le sais, je passais par là et je suis allé voir sa tombe, en souvenir d'elle.

Entre temps elle s'était remariée avec le meilleur ami de cet Hamilton, lui aussi était extrêmement gentil. C'était un cavalier,

Si vous voulez que je comprenne ce qui vient, et non pas seulement l'horreur de ce qui vient, laissez-moi jeter un œil sur ce qui fut.
C'est la condition première d'un certain optimisme.

Le fou d'Elsa *(Gallimard)*

On ne parle bien que de ce qu'on est. De ce qu'on connaît. Je veux dire de ce qui est non sa cause, ou son but (le pourquoi, le pour - qui) mais de sa pratique (d'une arme, d'une machine, de son corps, du langage, et il faudrait être complet) : autrement dit de *son comment*.

Théâtre / Roman *(Gallimard)*

un type qui, dans l'armée, enseignait l'équitation aux officiers. Et je suis allé chez eux au cours de la première guerre, vers 1915, puis j'y suis retourné, en Angleterre, immédiatement après l'armistice, avec le désir de voir ma tante que j'aimais passionnément et charnellement à cette époque. Elle ne s'en est jamais rendu compte, elle m'aurait éloigné d'elle. Enfin... Je revois toujours cette nuit où je suis rentré seul dans leur maison.

L'idée de la famille anglaise était qu'à mon âge, je devais avoir une femme et qu'ils auraient tous souhaité que j'aie une femme anglaise. Ce n'était pas l'opinion de ma tante Madeleine mais celle des gens autour d'elle, la femme du général, la femme du banquier, des gens comme cela. Alors on m'invitait à des soirées dans cette région où il y a des châteaux, des restes d'architectures anciennes, avec des dolmens, de grandes étendues vides, des landes et quelques belles maisons qu'habitaient les officiers, pour faire des exercices avec leurs soldats.

Donc ce soir là j'avais été chez le général de mon oncle, le mari de ma tante. Là-bas, on m'avait prêté et habillé d'un smoking, comme cela devait se passer dans l'armée anglaise de l'époque. Il y avait chez les officiers une allure extrêmement sévère dans le comportement habituel et le temps normal de la vie mais, quand ils se réunissaient pour une soirée comme celle-là, ils n'avaient plus qu'une idée en tête, c'est de prouver que non, non, pas du tout... et ils s'arrangeaient pour se battre entre eux et mon oncle, qui était plus jeune, s'est battu avec son général. Il l'a battu comme plâtre devant moi. Tout le monde riait, lui-même riait. Là il y avait une femme qui essayait de me caser en me présentant des jeunes filles. Cela ne m'intéressait pas du tout, j'étais beaucoup trop amoureux de ma tante.

Je suis rentré assez triste, vers trois heures du matin. Quand je suis arrivé, j'ai sonné, cela ne répondait pas d'abord, j'ai insisté et ma tante est arrivée. Elle était couchée et dormait.

> J'ai réinventé le passé pour voir la beauté de l'avenir.
>
> Le Fou d'Elsa *(Gallimard)*

Elle est arrivée en tenue de nuit, avec une robe assez légère, elle est venu m'ouvrir et elle sentait merveilleusement bon, ce n'était pas un parfum, c'était son odeur à elle. Elle avait toujours été comme cela, ce n'était pas n'importe quel parfum, je n'ai jamais pu l'oublier.

J'étais complètement épris d'elle, elle me regardait, elle riait aussi parce qu'elle se rendait compte que ce devait être comme cela mais qu'en même temps il ne pouvait en être question, bien sûr. Par la suite elle a eu deux enfants. Ils ont survécu au reste de la famille mais le mari anglais s'est tué en sautant à cheval à Fontainebleau. Elle est venue en France au moment de l'accident, elle était enceinte de huit mois de son deuxième enfant et son mari venait de mourir.

Là, elle est tombée malade et a mis au monde un enfant prématuré et cela s'est assez mal passé, l'enfant a survécu mais la mère était en danger. Elle était à l'hôpital, qui est au bout du Boulevard Montparnasse. C'est en face de l'endroit où moi j'ai commencé ma carrière militaire, le Val de Grâce, qui est de l'autre côté. Les médecins m'ont dit qu'il n'y avait qu'une chose qui pouvait la sauver après cet accouchement, certains médicaments qu'on ne pouvait trouver nulle part. C'était un dimanche, la plupart des pharmacies étaient fermées, celles qui étaient ouvertes ne connaissaient pas ces médicaments, qu'on ne trouvait qu'en Angleterre. J'ai couru toute la journée. A la fin j'ai trouvé dans un endroit une pharmacie anglaise, qui était ouverte et qui m'a donné tout de suite ces médicaments. Je suis revenu en courant pour tomber dans les jambes du médecin de l'hôpital qui la soignait. Je lui ai crié : « Voilà, j'ai trouvé les médicaments ! Alors j'espère que vous allez la sauver ! » — alors il m'a dit : « Mon pauvre ami, elle vient de mourir ! » Et je ne l'ai revue que morte. Elle était encore très belle. C'est le seul être de la famille qui était vraiment beau, les autres....

De ma mère je ne peux pas dire qu'elle était très belle. Elle était extrêmement élégante, une élégance qui lui était naturelle, une aisance pour tout. Elle faisait de la peinture, par la suite elle a abandonné, on m'a donné un tableau d'elle. Elle écrivait aussi, elle écrivait pour subsister.

Avec l'argent des grands-parents, qui étaient morts, ma mère avait acquis une pension de famille avenue Carnot, à deux pas de l'Étoile, elle a fait cela en 1899. C'était une excellente idée parce qu'à partir de l'année suivante la maison était toujours pleine, avec beaucoup d'Américains. Elle avait pu faire cela parce qu'il y avait eu un procès d'héritage avec des cousins qui prétendaient avoir l'argent des grands-parents et elle avait gagné.

Non, Monsieur, rien n'est innocent.
Nul regard. Nul toucher. Nul calcul.

Théatre / Roman *(Gallimard)*

l'adolescence

Nous avions, pour le 1ᵉʳ août 1914, loué cinquante chambres dans un hôtel au bord de la mer en Bretagne, pour des gens qui nous étaient plus ou moins proches. C'étaient des gens de la famille de ma mère ou des connaissances ou des gens qui connaissaient des gens que nous connaissions, de façon à créer une sorte de gaieté, malgré l'approche de la guerre. Mais quand la guerre a éclaté, personne n'est venu, nous étions quatre ou cinq simplement, au lieu de cinquante et quelques, parce que les hommes étaient partis à la guerre et les femmes restaient à Paris ou ailleurs — c'est comme cela que je suis arrivé en Bretagne pour apprendre la déclaration de la guerre.

Moi j'étais à Paris les derniers jours de juillet 1914. J'avais passé mon bachot avec un grand éclat. C'était très gentil mais la guerre arrivait. Je suis allé seul en Bretagne. Ma mère n'était pas venue parce qu'elle restait à Paris avec des gens qu'elle considérait comme des cousins, sans avoir eu des rapports réels avec eux. Le père s'appelait Spass, il avait été dirigeant des Douanes en Indochine et il avait un fils qu'on avait envoyé faire des études à Paris. Il avait habité un an ou deux chez nous, avenue Carnot, quand nous y étions encore.

Il logeait au 6ᵉ étage et chaque matin on m'envoyait le réveiller. Cela me paraissait toujours étrange. Il était assez beau

ce cousin, qui n'était pas mon cousin du tout, avec beaucoup de taches de son sur le visage. C'était un garçon qui avait toutes sortes d'aventures avec toutes sortes de filles du Quartier Latin. Une fois il y a une fille, qui l'accompagnait, qui est restée sous la voûte de la maison et a voulu se suicider là. Il lui a arraché des mains un revolver. C'était un personnage de cet ordre. Il m'impressionnait.

En réalité il était déjà fiancé à une femme qu'il a épousée par la suite, qui était assez mal foutue et qui l'aimait. Elle était luxembourgeoise, d'une famille qui avait beaucoup d'argent. Je crois que c'est cela qui le tenait. On l'avait un peu perdu de vue et quand la guerre est arrivée ce sont ces gens que recevait ma mère.

en bretagne J'en reviens à la Bretagne. Toutes les histoires de ma vie sont bizarres. Dans cet hôtel que ma mère avait loué, il n'y avait personne à cause de la guerre et le propriétaire râlait. On lui disait : « C'est la guerre ! Les gens ne viennent pas mais nous sommes venus et nous paierons pour nous. »

C'était une petite plage isolée. Il y avait très peu de cabines en bois pour se déshabiller entre les dunes et la mer. Je te l'ai dit, j'avais passé mon bachot et j'avais eu un succès formidable, j'étais très fier de moi. Je venais d'arriver dans cet hôtel presque vide, il y avait un ou deux types que je connaissais et c'était tout. J'étais sorti, ce matin-là comme un type qui ne sait pas du tout ce qu'il va faire. J'avais envie d'aller nager mais d'autre part je redoutais un peu la mer en Bretagne, qui me paraissait froide. Je m'étais arrêté parce que j'avais vu se former un groupe de gens devant une affiche jaune qu'on était en train d'apposer. Au deuxième rang, derrière moi, il y avait un type que j'avais regardé. Il n'avait rien de particulier sauf une petite moustache blanche et un air de militaire, sans en être un, avec une casquette, comme en ont beaucoup de gens en beaucoup d'occasions : une casquette en laine marine bleue, avec un ruban en dessous, un ruban à reliefs.

Il était juste derrière moi, quand brusquement le type qui allait coller l'affiche l'a développée. J'ai entendu la voix de cet homme qui disait : « Mobilisation générale ! mon Dieu, c'est la guerre ! » et tout à coup ce fut un grand affolement, il était tombé par terre épouvanté. J'ai regardé cela et tu sais qui c'était ? Eh bien c'était le capitaine Dreyfus. Il y avait sa fille, qui le tenait contre elle et qui sanglotait, parce que son père était évanoui, il était sans connaissance. Je ne l'ai pas reconnu, on me l'a dit. Pour lui qui était maintenant en dehors de l'armée, c'était terrible.

C'est là que j'ai vu, à côté de lui étendu, une très, très belle personne, à laquelle je me suis tout à coup beaucoup, beaucoup, intéressé. C'était une personne très brune avec un teint de brune mais clair. Elle était habillée en vert de la tête aux pieds. Elle avait une assez forte poitrine pour une très jeune femme et une robe plissée. C'est à elle que quelqu'un a dit : « Vous savez qui vient de tomber ? c'est le capitaine Dreyfus. » Cela l'a beaucoup impressionnée d'entendre cela et moi je regardais cette fille, qui était très, très belle.

Elle avait une robe qui était serrée sous les seins, très plissée, tombant à terre, ornée de broderies : une personne très peu habituelle. J'ai été tout à fait possédé de l'idée de lui parler mais je n'osais pas, avec tous ces gens autour. Quand elle est partie, comme tout le monde, je suis parti aussi et je l'ai suivie. Je me disais tout le temps : « Comment vais-je l'aborder ? Je vais lui dire : « Est-ce que nous ne nous sommes pas rencontrés quelque

part, il me semble ? » Toutes les banalités possibles et imaginables ! Mais je n'osais pas et elle n'avait pas l'air de remarquer que je la suivais. On remontait vers une petite bourgade, un gros village qui était à quelques kilomètres de la mer.

Finalement tout d'un coup elle a quitté la route et s'est engagée dans les dunes. Je l'ai suivie à distance, très correctement et tout à coup j'ai vu ce qui était l'objet de cette promenade, il y avait quelqu'un qui était là, il y avait un peintre assis, devant un chevalet, et qui mesurait avec le pouce levé et un doigt le paysage qu'il devait mettre là sur la toile. Du moins c'est ce que je supposais. Ensuite, quand je me suis avancé un peu plus, j'ai vu ce qu'il peignait ce type, ce n'était pas du tout cela. Il était en train de faire un portrait de femme allongée et complètement nue dans une pièce sombre. Cela n'avait rien à voir avec ce qu'il semblait mesurer avec un crayon et la main tendue.

Il y avait la jeune femme à côté de lui. Elle l'avait embrassé. C'était bien ma chance ! Alors je suis parti comme cela, déçu.

Par la suite, très souvent, sur le chemin entre Plessins-les-Grèves qui était le bourg où ils habitaient et la plage où j'étais, je les rencontrais et nous nous saluions. J'étais très intéressé de cette histoire et de savoir comment il peignait sa toile, comme s'il faisait un paysage, en montrant une femme nue. Je me suis arrangé tout de même pour parler avec lui. C'était un peintre, devenu célèbre depuis, qui s'est tué quelques années après la guerre parce que ses tableaux ne se vendaient absolument pas. Moi je lui ai acheté pour vingt-cinq francs un beau tableau. Il vendait tous ses tableaux vingt-cinq francs. Finalement je l'ai revendu un peu plus tard parce que je n'avais pas de quoi manger.

Lui s'est jeté d'une fenêtre, sa femme était enceinte, elle a fait la même chose que lui, l'enfant est sorti comme cela sur le pavé de Montparnasse, c'était une fille.

... je ne vais que rarement par la droite ligne à ce que je dis.

Chronique du Bel Canto *(Skira)*

Ce peintre qui est maintenant très cher en Amérique, devine qui c'est ?... Modigliani. Nous étions tout à fait devenus bons amis lui et moi, mais il était devenu tout à fait fou lorsque nous nous sommes revus après la guerre. Pour moi la guerre avait commencé en 1917.

J'étais déjà allé en Bretagne dans une série de plages et d'endroits, j'y suis retourné vers 1916 et il y a une chose, un poème de moi dans « le Roman inachevé » sur ce qui se passait à l'arrivée des prisonniers allemands, qu'on faisait marcher absolument au fouet. J'étais indigné. Il y a une autre plage dans les Côtes-du-Nord, j'ai oublié le nom, je devrais m'en souvenir puisque j'ai failli me noyer là-bas.

Il y a eu un brusque changement du temps, pendant que j'étais dans l'eau, j'ai été détourné du chemin normal vers un endroit où il y avait des rochers assez dangereux. Les gens me voyaient de loin et me faisaient signe de revenir. Je ne pouvais pas revenir à cause du courant. Là-dessus deux personnages se sont jetés à l'eau, ils m'ont rejoint et m'ont soutenu. On m'a comme cela ramené au rivage, d'ailleurs dans un assez sale état, j'étais sans connaissance. Il y avait là une femme, une italienne qui avait une belle maison en haut de la plage, elle est descendue avec de grands linges, des choses pour me frictionner, de l'alcool pour me réconforter. Puis elle m'a enlevé et emmené chez elle avec son mari italien, qui n'était pas très content de l'arrivée d'un jeune homme dans le plus simple appareil. Il avait parfaitement raison car elle m'a fait une de ces cours ! Elle est restée des heures, assise à côté de moi, allongé dans un lit. C'était à Plestat-les-Grèves... à côté de la baie du Mont-Saint-Michel.

... il me semble même que je n'ai jamais écrit que pour contredire ce que j'avais écrit avant.

JE N'AI JAMAIS APPRIS A ÉCRIRE
ou *les incipit (Skira)*

> L'art du roman est de savoir mentir.
>
> J'ABATS MON JEU *(E.F.R.)*

les dames d'antan   Toutes ces images ce sont des dames d'antan. De ces personnes il y en a une qui m'a fortement intéressé pendant vingt-quatre heures. J'étais au lycée Carnot, en terminale, nous étions en philo. Il y avait un garçon, qui était avec nous, assez joli garçon d'ailleurs et qui est venu nous dire avec grand plaisir qu'il avait une amie et qu'il aimerait nous la montrer. Nous ne parlions que des femmes. Je suis donc allé voir l'amie, assez loin du lycée, là où elle habitait.

Nous sommes sortis et en marchant, j'ai remarqué que cette personne faisait très attention à moi. J'essayais de me faire tout petit, cela n'était pas possible, j'étais fort gêné et tout à coup elle a dit à son jeune ami : « Dis donc va me chercher des cigarettes de cette marque, une marque égyptienne » — Il disait : « Je ne sais pas si je vais en trouver de cette marque, je ne vais pas vous laisser. — Mais si, lui dit-elle, tu les achètes et puis tu reviens ».

Il est sorti, moi j'étais un peu étonné et elle me dit : « Écoute, maintenant ne crains rien, il faut qu'il fasse des kilomètres, il n'y a pas de cette sorte de cigarettes dans le quartier ». Et nous avons couché ensemble. C'est pour cela qu'elle est ici, c'est la Belle Otéro.

Je ne puis supporter les vérités admises.

Le roman inachevé *(Gallimard)*

Peu à peu, je me mis à me persuader que l'écriture n'avait pas été inventée pour ce que les grandes personnes prétendaient, à quoi parler suffit, mais pour fixer bien plutôt que des idées pour les autres, des choses pour soi.

Je n'ai jamais appris a écrire
ou *les incipit (Skira)*

la guerre   Breton était resté à Paris, ou aux environs, il ne faisait pas la guerre, moi j'avais été envoyé en avant dans les lignes. D'ailleurs je préférais cela de beaucoup, car j'étais assez batailleur, j'étais plutôt content. Je ne refléchissais pas aux dangers. Il y avait tellement de choses étonnantes à ce moment-là, même des choses terribles, par exemple la guerre faite avec des gaz, nous sommes tombés là-dedans, presque immédiatement.

D'abord on n'a pas voulu me laisser entrer dans une des compagnies du régiment comme médecin auxiliaire, parce que le type qui y était auparavant avait du être évacué à cause de la violence des attaques. Le médecin-chef ne voulait pas m'envoyer

là, il avait l'impression qu'on allait me tuer rapidement, il voulait me garder. Et puis, je ne sais pourquoi, le colonel s'est fâché et j'ai du rejoindre un bataillon.

Je suis arrivé là-bas. Le premier soir il y a eu quelque chose comme ce que je décris dans « Aurélien ». On avait décidé, dans une tranchée souterraine, de faire une soirée puisque le lendemain on montait au combat, c'est-à-dire qu'on devait prendre l'offensive. Les Allemands n'étaient pas loin du tout et c'était un endroit absolument découvert, très dangereux. Tous les gens autour de moi étaient persuadés qu'ils allaient être tués, mais enfin tant pis — vive la France et autres conneries !

On a mangé et bu pas mal, on avait tous de la gnole, ce n'était pas très bon mais enfin… cela « refesait » les hommes de boire de la gnole. Et nous avions avec nous un capitaine, qui était un petit homme frisé, un méridional exubérant. Sous sa veste d'uniforme, on voyait un curieux gilet, comme en ont les garçons dans les hôtels ou les valets de chambre, avec une étoffe verte ou jaune à raies noires. C'était exactement un vêtement de domestique. Nous avions avec ce capitaine Gamaire, pour l'appeler par son nom, des rapports tout à fait singuliers. C'était un type tout à fait violent, qui considérait la guerre comme un très grand jeu et s'en amusait beaucoup. Il se serait fait tuer très facilement. Quand on tuait des gens de son bataillon à côté de lui, il ne montrait aucune émotion, il voulait seulement qu'on les enterre décemment. C'était tout ce qu'il avait d'humain. Il racontait des histoires en ouvrant sa tunique, nous montrant son gilet rayé en disant : « C'est le gilet que je portais à Nice quand j'étais garçon de café ! » avec un terrible accent marseillais.

Ce soir-là on avait donc bu beaucoup de gnole. Le jeu consistait à vider cet alcool dans un casque et à boire à tour de rôle. Les uns après les autres tombaient à terre. On nous emmenait dormir. Il y avait toujours le capitaine Gamaire, qui était là et rigolait en disant : « C'est pas des hommes, ça ! ». Il me regardait, me prenant à témoin, parce que j'avais l'air de bien supporter cela. Quand il n'est plus resté debout que lui et moi, nous avons pris nos casques et il a dit : « Maintenant on va voir si tu tiens. » On a donc bu après avoir rempli les casques à ras bord. On s'est regardé, pour ne pas commencer l'un avant l'autre et on a bu entièrement le contenu des casques. Le capitaine Gamaire est tombé, moi je suis resté debout. Après cela, j'étais devenu l'idole du régiment : « c'est fantastique comme il tient le coup celui-là ! »

Comme la guerre était jolie ! C'était l'atmosphère de certains poèmes d'Apollinaire.

apollinaire 🙵 A cette époque, vers 1918, j'ai vu Apollinaire. Breton m'a emmené dans un endroit, une sorte d'hôpital, où Philippe Soupault était malade et couché. Enfin, il était malade parce qu'il ne voulait pas partir à la guerre et, dans la même maison, il y avait Apollinaire, qui achevait sa convalescence, il avait été trépané et reposait dans un lit au rez-de-chaussée.

Il n'est plus de chemin privé si l'histoire un jour y chemine.

Le roman inachevé *(Gallimard)*

Tu sais c'est maintenant une grande maison sur le Boulevard Raspail, une sorte de théâtre, un endroit d'enseignements divers pour jeunes étrangers. A ce moment-là, on en avait fait un hôpital.

Nous sommes arrivés avec Breton dans une chambre qui nous a paru assez sombre, avec une bougie allumée sur la table de nuit. Apollinaire était là, dans un lit, avec la tête complètement enveloppée, parce qu'il avait été blessé puis opéré. On ne voyait presque rien. Il était là étendu. Il y avait une femme à côté de lui et cette femme qui me paraissait belle, avait mis sa tête sous le drap où elle faisait une certaine gymnastique très localisée. Apollinaire était très gêné, nous aussi, il a ri. Il l'a sortie doucement de là en disant : elle est bien gentille pour un malade. C'est elle qui a été sa femme par la suite. Elle avait, je m'en souviens, des cheveux comme de l'or et c'est cette femme qui a compté pour lui.

Lui, je connaissais ses poèmes depuis 1913, mais je ne l'avais jamais vu et je le voyais dans cette situation, la tête complètement enveloppée de bandes Velpeau, avec cette ravissante et étonnante personne.

Après cela j'y suis retourné et il m'a dit : « Je vais sortir prochainement d'ici et nous nous reverrons. Je veux vous montrez mes tableaux mais, en attendant, allez les voir. » Et il m'indiqua comment aller les voir dans son appartement. J'étais très curieux de voir cela et j'y suis allé. Il n'y avait rien, rien. Tout était encore dans la cave de l'immeuble, parce que c'était considéré comme marchandise allemande, cet espèce d'art nouveau pouvait être dangereux pour lui, qui était militaire. On avait donc tout rangé dans la cave, sauf un tableau qui était dans la deuxième pièce de l'appartement, la pièce où l'on couchait, il était au-dessus du lit.

C'est ce tableau qui a été vendu aux enchères à l'Hôtel

Drouot, après la mort d'Apollinaire. C'était compréhensible pour moi que le tableau était resté là. On y voyait un homme et une femme, la femme ressemblait beaucoup moins à celle qu'on lui connaissait qu'à celle qu'on ne lui connaissait pas, c'est-à-dire qu'à celle qui avait plongé dans le lit. Ce tableau est repassé en vente publique alors que j'étais à la tête des *Lettres Françaises*, ce qui fait que j'ai absolument exigé qu'on y reproduise ce tableau, ce qui fit un grand scandale pour les gens mal lunés. C'était un homme et une femme qui font l'amour dans un lit, un très beau Picasso.

J'avais été à la première de la pièce d'Apollinaire, tu sais sa première pièce : « Les mamelles de Tirésias » et la chose qui m'a le plus frappé c'est que Rachilde, trouvant qu'on attendait trop longtemps avant que le rideau se lève, criait que c'était insupportable, que le rideau était d'un bleu insoutenable, que cela faisait mal aux yeux. « Enlevez le bleu ! Enlevez le bleu ! » criait cette idiote de Rachilde.

Et, un an après, Apollinaire que je connaissais à peine, m'a fait demander d'écrire un article pour cette pièce de théâtre. L'article que j'ai écrit était naturellement élogieux, il a paru dans « Sic » et après cela on était tout à fait bien ensemble. Après je suis parti un moment, je ne l'ai plus revu, il est mort. C'étaient des rapports de ce genre que j'ai eus avec lui. Moi j'étais tombé amoureux et cela ne simplifiait rien.

Tu sais avec son poème : « Les Saltimbanques », on a fait une chanson, ce n'est plus possible, maintenant on chante cela sur une petite musique et on répète la première strophe à la fin. Je ne sais pas qui a fait cette musique. Le poème a été écrit en même temps que les tableaux de Picasso, ils se fréquentaient beaucoup à cette époque, on ne sait pas lequel des deux a commencé. J'ai envie de te lire « les Colchiques ». Quel beau poème ! Je fais toujours une correction en le lisant parce que le poème a été autrement écrit pendant la guerre de 14-18, il n'était pas possible que le gardien d'un troupeau français chantonnât en allemand — alors on disait : « le gardien du troupeau chante tout doucement ». Dans l'édition de 1916, c'est comme cela et finalement je la préfère.

« La chanson du mal-aimé » c'est peut-être le point de départ de la poésie contemporaine. C'est en 1906 — « Alcools » date de 1913 — mais c'est le poème articulation, entre la poésie symboliste et la poésie postérieure. Il y a des choses dans « Alcools » où je trouve déjà le modernisme très particulier d'Apollinaire, comme le poème « L'Émigrant de Landor-Road ». C'est l'entrée de la poésie moderne, c'est là où tout a changé et, en même temps, c'est la création du vers moderne, parce que je dois dire qu'Apollinaire donnait aux vers réguliers une importance extrême.

Il a écrit beaucoup de choses qui sont en vers entièrement libres, sans rimes, avec des coupes tout à fait irrégulières, mais l'intérêt porté par Apollinaire au vers régulier dans son œuvre est une chose dont il me parlait absolument sans fin. Par exemple le dernier poème de « Calligrammes » qu'il a écrit pendant la guerre, le dernier grand livre avant sa mort, le poème qui s'appelle « Le chant de l'honneur » est un poème absolument en vers réguliers. Il y attachait une importance capitale, moi, il m'a dit très exactement, la dernière fois où je l'ai vu, que maintenant il n'écrivait plus que comme cela.

Ce n'est pas très compréhensible parce que ce n'est pas du tout son plus beau poème, loin de là, mais enfin c'est ainsi qu'il jugeait les choses.

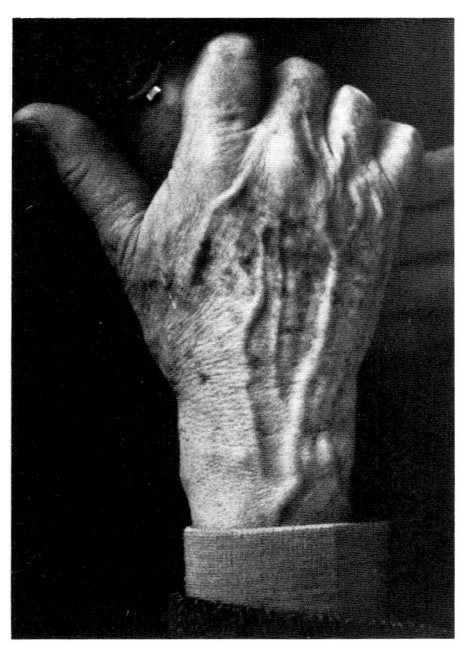

... ma méthode de connaissance : écrire pour connaître, et par là communiquer à autrui ce que j'ai appris.

Entretiens avec Francis Crémieux
(*Gallimard*)

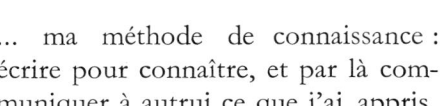

max jacob   J'ai connu Max Jacob quand j'étais en âge de le connaître, c'est-à-dire à l'époque où il était encore à Montmartre, avant les transformations de ce groupe, il a représenté, même après le départ de Picasso, ce qui avait été avant et qui était en train de disparaître.

Il y avait avec lui quelques inconvénients parce qu'il s'intéressait toujours d'un peu trop près à vous, pas seulement à moi. Il vous faisait monter sur une table, sous prétexte de décrocher un tableau ou d'attraper un livre dans une bibliothèque suspendue, après quoi il appuyait son front sur une partie de votre individu... Il était comme cela, il fallait le savoir.

Il y a de magnifiques anecdotes à ce sujet, que racontait

Fernand Léger, comment Léger et Picasso, habitant en même temps près de lui à Montmartre, ne savaient absolument pas comment faire pour le distraire avec autre chose. L'un des deux prenait un livre et lisait à voix haute mais, disait Picasso, cela ne lui occupait pas les mains. Il était très content quand on lisait ses poèmes mais il ne les lisait guère, il n'était pas exhibitionniste avec ses œuvres. Il était très pauvre comme les autres.

C'est après coup seulement que je me suis aperçu qu'en réalité toute cette littérature, ce n'était pas *des romans*, mais un seul roman, où sous le même nom, ou sous d'autres, les personnages réapparaissaient, les idées aussi, morcelé que cela soit, à la fin des fins, tout cela n'est qu'un même discours, qui piétine à travers les années de ma vie, mais se poursuit pourtant avec une certaine logique.

THÉATRE / ROMAN *(Gallimard)*

la première chemise

Nous sommes le 14, c'est demain le 15 avril, en 1923, il a fait une chaleur fantastique comme je n'ai jamais vu dans ma vie, un beau temps formidable.

C'est ce jour-là que j'ai mis en pratique une chose à quoi je rêvais depuis quelques jours déjà, c'est-à-dire que j'ai foutu le camp de Paris. J'ai quitté le théâtre de Monsieur Hébertot, près de l'Alma, où je faisais un journal. Il a fait des histoires épouvantables ce jour-là, pour m'empêcher de partir. Il a même pris, dans les mains d'une dactylographe, une très belle machine à écrire, il l'a jetée tout simplement par terre, elle s'est cassée en mille miettes — parce que je refusais de rester avec lui.

Loin d'être fier de voir au milieu des aveugles, je tiens pour peu de chose la facilité de voir, si elle n'est point partagée.

J'ABATS MON JEU (E.F.R.)

C'est ce jour-là que je suis parti pour Giverny. Là, d'abord, il y a eu quelques jours très beaux, puis il a commencé à pleuvoir, à avoir du mauvais temps et après le 25, le temps était de nouveau magnifique, il l'est resté ensuite.

Les premiers jours je me suis baigné dans la Seine avec deux garçons, Cummings et C. qui était venu en France pour faire une étude sur la vie de Racine — bizarre — quant à Cummings, il était venu voir l'autre. C'est là que s'est décidé le sort de la chemise des Français.

On se baignait à quelque distance de l'endroit où j'habitais, on s'en allait au bord de la Seine et là, il y avait quelques arbres, on se déshabillait et c'est là que j'ai pu voir, pour la première fois en France, une chemise s'ouvrant du haut en bas, comme nous les portons tous maintenant. C'était la première que je voyais, cela commençait à peine à se faire aux États-Unis. Il y avait cela, alors je l'ai supplié de me la prêter, il me l'a donnée, je l'ai portée à un chemisier qui l'a copiée. C'est exactement comme cela qu'à commencé la chemise que nous portons tous.

J'habitais une sorte de moulin transformé en pension de famille, il y a des personnes différentes qui sont arrivées le soir, deux femmes qui étaient ensemble, comme l'on dit. Celle qui me concernait et que j'ai enlevée à l'autre, était à la fois anglaise et américaine, une chose en amène une autre — le père était américain. Dans la nuit, il y a eu un orage épouvantable et j'ai forcé cette femme à quitter l'autre, puis à me rejoindre parce que je la menaçais en marchant sur le toit, tandis que les tuiles cassaient sous mes pieds. C'était la belle-sœur de cette femme qui, à Venise, a ce musée, Peggy Guggenheim.

Il suffit d'une ou deux secondes
Que dans ma tête tout un monde
Défile tel que je le vis.

LE ROMAN INACHEVÉ *(Gallimard)*

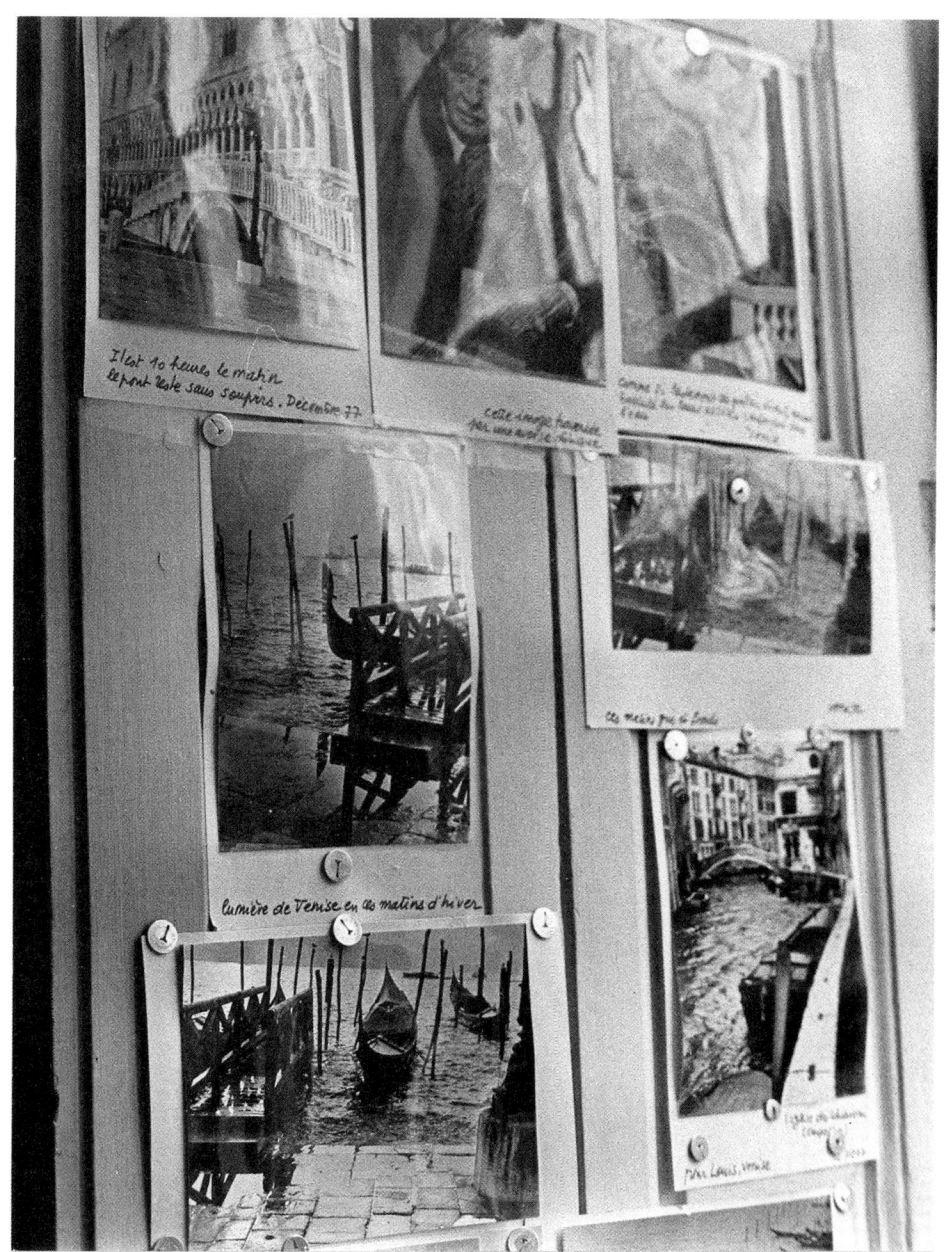

venise ॐ J'ai groupé toutes les images de Venise avec la dernière que tu m'as envoyée aujourd'hui. Tout cela s'est fait peu à peu avec une espèce de cohérence. C'est Venise avec des souvenirs. J'ai été assez souvent à Venise et pour la première fois avec Nancy Cunnard, c'était il me semble en 1928, il y a des années, imagine-toi que tu étais un enfant. C'est une ville assez triste, très belle, elle est faite pour la nostalgie.

Nancy faisait n'importe quelle folie le soir et j'étais libre. Je me promenais seul dans les rues vides. Cette ville était déserte la nuit et j'ai rencontré brusquement un groupe de vingt à

vingt-cinq personnes, des anglais. C'étaient des gens qui étaient quelque chose dans la banque, que leurs patrons londoniens envoyaient pour aller faire je ne sais quel travail, par exemple l'extension de leur banque ou quelque chose de ce genre, quelque part en Afrique. Ils faisaient escale à Venise, ils se promenaient. Ils étaient arrivés tard et n'avaient pas vu la ville, ils essayaient de la voir mais ils n'y comprenaient rien.

Ils m'ont demandé où il fallait aller, ce qui était intéressant, et j'ai essayé de leur expliquer. Je les ai emmené voir le Colleone on a commencé à parler : une conversation de fous...

C'étaient des gens sans aucune espèce d'instruction, avec cela des fonctionnaires bizarres. L'un d'eux m'a dit : notre groupe a été très surpris par une chose : nous avons traversé la Suisse et imaginez-vous que dans la Suisse, il y a des montagnes, nous ne le savions pas. C'étaient des propos de fous.

Alors je me suis promené avec eux. Ils me posaient toutes sortes de questions hurluberlus, pas pour eux, pour moi, qui avait une grande peine à ne pas éclater de rire tout le temps avec les choses qu'ils me disaient. Et tout cela en anglais, la découverte que dans Venise on ne pouvait pas aller en voiture, qu'il y avait beaucoup d'eau et de ponts, des choses stupéfiantes et cette promenade dans la nuit avec ce personnage qu'ils appelaient entre eux The guide. Ils me prenaient pour un guide. Pendant toute la nuit j'ai été pris par ce groupe de gens pour un guide, jusqu'à l'heure où ils ont quand même été retrouver leurs lits dans un hôtel endormi et vingt-cinq personnes qui arrivent se coucher dans un hôtel à cinq heures du matin, cela se remarque.

L'un deux qui ne savait pas comment faire avec moi est arrivé et a essayé de me glisser des billets dans la main. J'ai refusé, alors il était stupéfait, il a appelé les autres, les a réunis et leur a fait une sorte de conférence : « Le guide ne prend pas d'argent ! » Ces gens de la banque restaient interdits.

Que d'heures j'ai laissé s'enfuir
O Venise ô mon insomnie.

« Les Dames de Carpaccio ».
LE ROMAN INACHEVÉ (Gallimard)

Tu vois que j'ai avec Venise des rapports qui ne sont pas ceux de tout le monde. Outre que c'est là que j'ai réellement essayé de me tuer. C'était en 1928 et j'ai habité le Campo Morosini, il y a des années. Sans parler des jours quand il pleut à Venise, il y a un poème de moi sur ce sujet, tu connais ce poème dans « le Roman inachevé », je l'ai un peu oublié. C'est un poème sur « les Dames de Carpaccio » — je peux te le lire.

Il y a beaucoup de choses sur Venise et beaucoup de Venise dans mes poèmes, quelquefois on reconnaît Venise, quelquefois on le la reconnaît pas, parce que « le guide ne prend pas d'argent ».

C'est aussi un grand poème sur madame Desbordes-Valmore en Italie, les choses se passent un peu comme dans le film sur Rimbaud qu'on me propose, c'est-à-dire que c'est le regard de madame Desbordes-Valmore sur son voyage, le passage du Simplon avant qu'il soit percé.

Ville de verre et de chaleur ville de cloches et d'églises
Ville de cris et de voleurs de putains et d'écornifleurs
Places de vents venelles d'eau rêve de pierre ô ville éprise
Des pigeons et des beaux-parleurs Votre pain blanc jetez-le leur
Venise Venise indécise Iles au loin barques à l'heure
Tout est sans prix L'amour sans prise Un plaisir seul n'est pas un leurre
Et la lumière se divise à l'arc-en-ciel rompu des pleurs
Car nulle part comme à Venise on ne sait déchirer les fleurs
Nulle part le cœur ne se brise comme à Venise la douleur
Chante la beauté de Venise afin d'y taire tes malheurs.

ARAGON — « Les Dames de Carpaccio » (extrait)
LE ROMAN INACHEVÉ *(Gallimard)*

O vagues de l'Adriatique
Dont le flux dort dans le reflux
Vous vos îles et vos moustiques
Je ne vous verrai jamais plus.

« Après l'amour ».
LE ROMAN INACHEVÉ *(Gallimard)*

l'amitié   Il fait très beau à Paris cet automne. Les feuilles, qui ont déjà jauni, sont devenues comme de l'or. C'est-à-dire que je suis dans mon bureau, à ma table et d'ici je ne vois que cela. Je ne vois que des feuilles à hauteur de la fenêtre et au-dessus. C'est admirable, très peu de vert, un vert presque gris, avec parfois un jaune absolument éclatant. Il y a quelques feuilles qui tournent déjà au rouge. Mais je suis en ce moment devant ce qui n'est pas encore écrit.

❧ J'étais en train de lire mon courrier ce matin, qui est fait de gens qui s'attendent toujours à ce que je travaille pour eux. Mais je déchire toutes les lettres. Il n'y a qu'une seule sorte de lettres que je ne déchire pas, ce sont les tiennes, en tout cas et de toutes façons, il reste une telle quantité de photos de toi sur les murs que je me demande comment c'est possible.

« — Tu sais Louis, c'est ce secret en toi que j'essaie d'approcher au long des images que je fais sans cesse.

— Oui. Il y a des photos de moi que tu m'envoies, je les regarde avec le plus grand intérêt parce qu'elles ne sont pas comme les autres photographies. Il y a une espèce de gentillesse d'une part, il y a aussi la réalité, les deux choses mêlées ne sont pas simples.

— *Cela s'appelle le regard.*

— Cela s'appelle comme l'on veut. En tout cas je ne peux pas te dire combien je te suis reconnaissant de l'intention. Tu ne peux pas le savoir. »

☙ Je ne savais que devenir — il y a des gens desquels on ne peut rien attendre, c'est épouvantable — et puis il y en a d'autres aussi et cela est merveilleux.

Il avait commencé dans Paris à s'opérer des transformations du décor qui semaient l'épouvante parmi ceux qui craignaient ainsi de n'y plus reconnaître leur passé, et qui tenaient des discours insensés, comme si à les croire, il eût fallu faire de la ville un campo-santo ou un vaste musée.

Théatre / Roman *(Gallimard)*

❧ « Je ne déteste pas la prudence, je déteste la prudence inutile, c'est différent. »

› Il y a eu plusieurs personnages dans ma vie qui ont été, par rapport à moi, des sauveteurs perpétuels, cela n'est pas tout à fait dû au hasard. Je me suis trouvé devant des gens qui a priori ne pouvaient pas, ne devaient pas être des gens qui me soutiennent et tout d'un coup ils ont eu ce sens humain. C'est énorme, c'est plus important que n'importe quoi. Et j'ai eu par rapport à beaucoup de gens le même sentiment que si c'étaient mes enfants. Parfois cette gentillesse gratuite que j'ai rencontrée, c'est la plus merveilleuse qui soit.

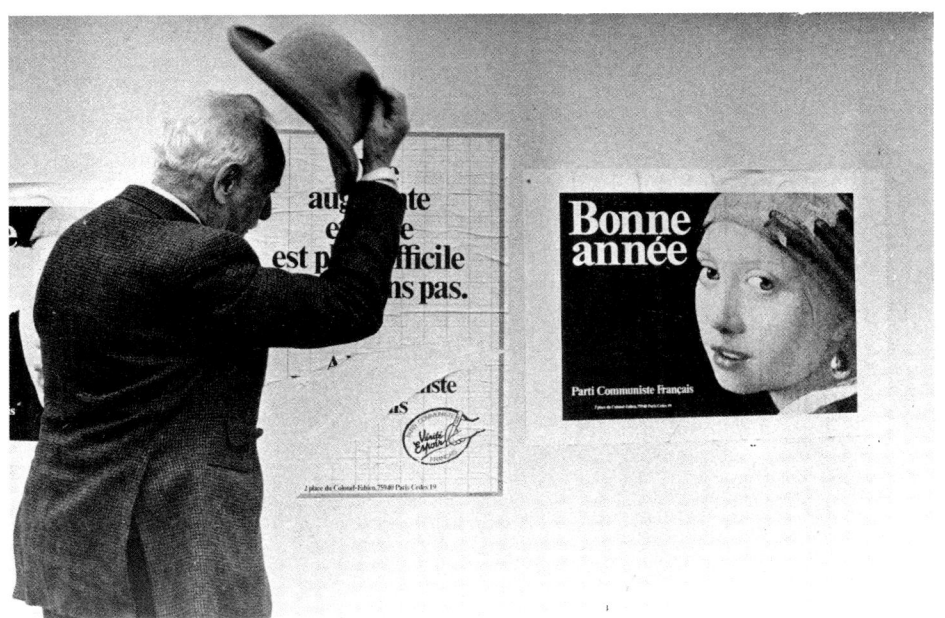

Je vous répète, tout ce que j'ai jamais écrit n'a été que recherche d'une réponse à la question posée par l'hypothèse du bonheur de l'homme et de la femme. Et pour les peuples et pour les amants.

Entretiens avec FRANCIS CRÉMIEUX
(Gallimard)

Et je m'efforce à mieux comprendre
hier de mes yeux d'aujourd'hui.

Le roman inachevé *(Gallimard)*

Je crois à l'extension illimitée des connaissances humaines, mais je sais, je sais que ces connaissances ne feront jamais qu'accroître le domaine de la souffrance, qu'elles pourront éclairer celui-ci, mais ne permettront jamais par exemple à l'homme d'acquérir la certitude d'être aimé.

LA MISE A MORT *(Gallimard)*

cohn-bendit ❧ En 1968 j'ai essayé de parler aux étudiants du Quartier Latin. Écoute, j'arrivais comme un homme qui faisait, dans un moment où aucun journal ne paraissait, un journal pour la défense des étudiants, un numéro spécial des *Lettres françaises* et naturellement ces jeunes gens n'avaient a priori aucune confiance en moi, bien sûr.

Ce jour-là, quand je suis arrivé, je ne savais pas du tout ce que je faisais. On m'a envoyé à une espèce de bureau central où l'on m'a dit : « Si vous voulez voir Cohn-Bendit, allez-y, il doit être en ce moment sur le boulevard Saint-Michel. » J'y suis allé

en croyant le trouver dans un bistrot. Il y avait la police et je ne pouvais aller que là où la police voulait que j'aille. Je suis arrivé difficilement au niveau où Cohn-Bendit était en train de parler à la foule, il y avait foule, non seulement en amont et en aval, mais en plus dans les rues avoisinantes, la rue de Vaugirard, etc... etc.

Je montais dans un très large espace, qui existait entre les étudiants et les flics. Comme j'arrivais là, j'ai brusquement entendu la voix de Cohn-Bendit, qui disait très fort : « On me prévient qu'Aragon est en train d'arriver parmi nous. Je lui donne la parole. » Alors je suis passé et je l'ai prise, puisqu'il me la donnait.

Cela a duré des heures, avec un public qui criait : A mort ! — mais que j'ai eu, entièrement, parce que jusqu'à aujourd'hui, les gens qui étaient là sont des gens qui me sont entièrement dévoués. C'était pour moi une chose très extraordinaire. C'est un moment très important dans ma vie, dans celle d'autres gens aussi, parce que Cohn-Bendit, qui est actuellement en France, et à qui on ne donne pas la possibilité d'y rester, s'il rentre en Allemagne, sera immédiatement arrêté, n'a de confiance en personne d'autre qu'en moi.

C'est une histoire dramatique, ce sont des garçons qui ont cru faire le bien, ils se sont trompés sur beaucoup de sujets, et après, et après... Ces jours-ci on me parlait de Cohn-Bendit, ce n'est pas du tout une histoire finie. C'est un homme qui a changé énormément sur beaucoup de sujets et les polices n'admettent pas qu'il ait changé, c'est cela qui est atroce.

Je ne l'ai pas revu mais il m'a téléphoné plusieurs fois. Il m'a dit très exactement : « en France en qui voulez-vous que j'aie confiance si ce n'est en vous ». Il peut avoir confiance. S'il était forcé de rentrer en Allemagne, ces gens sont des salauds, ils sont capables de tout. Les gens croient qu'ils vivent dans un temps normal. Quelle erreur ! Nous vivons dans un temps tragique.

Je n'ai pas une seule certitude qui ne me soit venue autrement que par le doute, l'angoisse, la sueur, la douleur de l'expérience.

J'ABATS MON JEU *(E.F.R.)*

giacometti

J'ai fait encadrer et j'ai réuni autour de moi tous les dessins de Giacometti, ceux qu'il m'a donnés la dernière fois que je l'ai vu, c'est-à-dire au mois de décembre 1965.

Il était venu ici rue de Varenne, où nous étions déjà avec Elsa. Il venait nous apporter ces choses, non encadrées, parce qu'il partait le lendemain matin pour la région des Grisons. Il n'avait pas vu sa femme depuis trois ans. Il avait un cancer en évolution et, dans ces conditions, il avait absolument exigé qu'elle reprenne sa liberté. Depuis trois ans ils ne s'étaient jamais rencontrés, bien que l'un comme l'autre étaient éperdument amoureux. Il était comme cela.

Il est arrivé chez nous le soir, peu après il pleurait. Il nous a fait un interminable discours sur le cancer, en disant que les gens qui n'avaient pas eu de cancer ne comprenaient rien à la vie. Il a parlé très longuement sur ce sujet et il est resté toute la nuit. C'était très triste. Il avait apporté ce paquet de dessins, qui devaient servir d'illustration pour un livre, fait auparavant, mais qui serait publié dans les « Œuvres croisées » : *Les beaux quartiers*.

Il m'a donné en tout dix-huit dessins et même un dix-neuvième, puisque j'ai trouvé un dessin au dos du dix-huitième. C'est une histoire touchante et triste à la fois, il est parti dans la nuit pour la Suisse et je ne l'ai plus revu. Il est mort trois mois après.

max ernst

J'ai fait un texte sur Max Ernst, ce n'est pas très long, je l'ai changé pour le lire à Max Ernst, il est mort trois jours après. Je veux reprendre ce texte et le changer. Cela n'aura rien à voir avec ce qui est paru précédemment. Max Ernst, c'est un homme qui a toujours inventé, le trouble c'est l'invention. Sa première exposition en France avait été organisée par moi.

Maintenant j'ai un étalage dans mon bureau de tous les livres que j'ai sur Max Ernst, cela fait une exposition. Je les ai à peu près tous, même en allemand, quelques-uns en anglais. J'ai encore des œuvres de lui, j'en ai eu beaucoup mais il y a des toiles qui se sont séparées de moi, comme l'on dit. Tu te souviens de cette peinture, c'est une classe, avec le professeur qui montre à ses élèves un ballon par la fenêtre ? C'est un objet ravissant. Et j'ai encore pas mal de choses au mur, des choses qui ont été faites pour Elsa, sept ou huit choses qui n'ont jamais été reproduites ailleurs que dans « les Œuvres Croisées ». Ce que je fais maintenant devrait être important.

En 1921 c'était le commencement pour toutes sortes de gens en même temps que pour moi et pour toute une génération. On a fait ce qu'on pouvait faire.

matisse J'ai fait la préface d'une exposition Chagall à New York chez Pierre, le fils de Matisse. Il avait été émerveillé par ce très grand texte sur Chagall qu'il voulait absolument me payer mais je n'ai pas accepté d'argent, alors le jour où s'est ouverte cette exposition, il est arrivé un messager de New York, il avait pris l'avion le matin et m'apportait un cadeau de Pierre Matisse. Ce cadeau était mon portrait par Matisse, un des portraits, différent de celui que j'avais auparavant, un très joli portrait qui est dans la chambre d'Elsa au-dessus de la porte. Je le connaissais mais je n'aurais jamais pensé qu'il allait me le donner. C'est son fils qui me l'offrait.

les prévert

Les Prévert, c'étaient mes amis pendant les premières années du siècle. Le dernier-né c'est celui qui a fait du cinéma, Pierre, il vit encore. Ils habitaient dans une rue qui aboutit au boulevard Saint-Germain, une rue qui va vers l'Odéon. Cette maison, qui était très belle à l'extérieur, était dans un état lamentable à l'intérieur. Ils étaient très malheureux et ma mère les a beaucoup aidés.

J'ai retrouvé Jacques plus tard, ayant découvert que j'étais dans le groupe surréaliste naissant, il est venu me voir en amenant avec lui d'autres garçons, des amis, pour faire connaissance. Mais après cela il a voulu jouer un rôle important et je l'encombrais.

Et puis il y avait un autre frère, que j'ai peu connu, qui avait fait fortune, il avait trouvé une femme qui avait beaucoup d'argent, c'était le frère aîné. Il avait une grosse entreprise dans le Midi, une maison de jeux. Il a été tué à la guerre.

Mais Jacques et Pierre dans leur enfance devaient tout ce qu'ils avaient à ma mère, les draps dans lesquels ils étaient nés, leurs jouets d'enfants — ma mère leur donnait les miens, j'étais furieux, leur nourriture. Leurs rapports avec ma mère étaient très grands à ce moment de leur enfance, elle les aidait à vivre tout simplement, puis ils se sont éloignés, nous n'habitions plus au même endroit.

Après il y a eu le mouvement surréaliste et c'est là que j'ai retrouvé Jacques. Il a pensé que j'étais devenu une belle relation et il m'a amené son frère. Peu à peu cela s'est gâché. Je n'ai pas su et je ne sais pas encore ce qu'il y a eu.

Ensuite il m'a détesté, mais vraiment détesté ! Je pense que c'était une espèce de jalousie par rapport à Breton. Mais il y avait des années que nous étions amis Breton et moi, je l'avais rencontré pendant la guerre au service militaire.

maurice barrès

On ne se rend pas toujours compte des rapports que j'ai eus avec les gens, moi, contrairement à tout le monde, il y a toujours eu des gens pour qui j'ai eu un attachement durable. Ainsi Maurice Barrès, ce qu'il a représenté pour moi n'a pas d'équivalent.

On se moquait de moi parce que j'en parlais sans l'avoir jamais rencontré, alors je suis allé le voir, un an avant sa mort, après la première guerre, vers 1922. Je faisais un journal au Théâtre des Champs-Elysées avec un personnage abominable, qui était mon patron. Je suis donc allé le voir pour le petit journal que je faisais. Je ne l'avais jamais vu auparavant.

Il a été très étonné parce que quelque temps auparavant Drieu lui avait dit : « Un jour viendra où Aragon voudra vous voir. » Ce n'est pas comme cela que ça s'était passé mais je voulais avoir un papier de lui ou un papier que je pouvais faire sur lui, avec son accord, dans ce journal, qui était fait avec Hébertot. A l'époque c'était mon gagne-pain. Barrès était affable avec tout le monde mais avec moi il fut chaleureux. Tu sais qu'au début du dadaïsme il y a eu un procès Barrès, où j'étais à la fois l'avocat et le défenseur, si bon défenseur qu'on ne l'a pas publié, à cause de Breton. Il a prétendu qu'il n'avait jamais eu le manuscrit en mains, il est disparu. Sur ce point mes amis m'agaçaient, ils se moquaient de moi parce que je pensais et j'ai continué à penser du bien de Barrès.

félix fénéon

Je dois aller demain visiter les tableaux présentés pour le prix Fénéon de peinture. Mais dans ce jury je suis probablement le seul qui sache qui est Fénéon et qui l'ait connu. C'est évidemment Jean Paulhan qui a fait que je suis entré et resté dans ce jury.

Tu me dis que tu as connu Fénéon à la fin de sa vie, à la Vallée aux loups, mais moi je l'ai connu bien avant, il y a une quarantaine d'années, quand il habitait près de la Place Clichy. Il y a un portrait de lui dans un de mes livres, je ne sais plus lequel, peut-être dans « Aurélien », il y a un personnage qui est Fénéon, d'après ce que je savais de lui.

Après je l'ai retrouvé couché, beaucoup plus tard, mais auparavant je l'avais rencontré à Marseille sur le port, dont il ne reste rien du tout. La dernière maison du vieux port, vers 1930, avant d'arriver à l'Arsenal, était un hôtel. C'était un hôtel où allaient beaucoup de gens de mon espèce. On y rencontrait toujours des gens qu'on connaissait, parfois des gens qu'on avait pas vus depuis des années. Là, sur le même palier où je logeais, j'ai rencontré Félix Fénéon devant la porte des cabinets, avec sur la tête un curieux bonnet de coton, un bonnet comme sur les images de Daumier, avec la redescente du bonnet et une sorte de gland. Il était furieux parce qu'on faisait la queue dans cet endroit et il n'y en avait qu'un seul pour l'hôtel. Il était furieux.

andré breton

❧ La guerre pour moi n'a commencé qu'en 1917. Au début de la guerre, je te l'ai raconté, j'étais en Bretagne, puis je suis revenu à Paris. Je continuais mes études, puis j'ai été envoyé au Val de Grâce pour me préparer au rôle de médecin militaire. C'est là que j'ai rencontré André Breton qui était mon aîné d'un an. Il était déjà là depuis un an et il n'avait ni l'envie de s'en aller à la guerre, ni le goût de rester là.

C'est dans une histoire de chahut, entre ceux qui arrivent et les anciens, ceux qui sont déjà installés, que je l'ai connu. Je voyais, à travers les vitres d'un couloir, des types qui me faisaient des signes parce que les gens de la classe précédente arrivaient en nombre pour nous chahuter et nous arroser avec des lances d'incendie capables de tout renverser. Nous nous sommes barricadés, j'étais monté sur le haut de casiers en fer, où nous devions ranger nos affaires, nos vêtements. S'ils avaient forcé les portes et avaient tout foutu en l'air, nous aurions été renversés par le jet d'eau. Or tout à coup, à travers la vitre, j'ai vu quelqu'un qui avait la même expression de dégoût que moi devant cette violence. Nous nous sommes faits des signaux, nous nous sommes compris sans pouvoir parler et on s'est donné rendez-vous pour le lendemain à trois heures et demie — je te raconte tout cela devant le portrait d'Elsa, qui sourit en m'écoutant. Le lendemain en effet nous sommes sortis ensemble, j'ai rencontré le type qui m'avait fait signe. Je ne savais pas qui c'était, lui non plus, mais il m'avait aperçu plusieurs fois chez la dame qui avait une bibliothèque rue de l'Odéon, Adrienne Monnier. C'était André Breton.

Nous sommes restés ensemble au Val de Grâce, presqu'un an. C'est comme cela que je me suis lié avec André. Moi j'écrivais depuis l'âge de six ans et jusque là pour pas grand chose, mais Breton faisait des poèmes qu'il m'a montrés, que je trouvais très beaux, qu'il a par la suite interdit qu'on publie. Il a eu tout à fait, tout à fait tort. C'étaient des poèmes mallarméens, il les trouvait ridicules, après avoir aimé, et uniquement, Mallarmé.

Nous avons été très amis, beaucoup plus que n'importe qui. Breton n'aimait que moi, parmi tous les amis de cette époque. Il y avait bien Soupault, mais Breton aimait faire toutes sortes de plaisanteries à son sujet en me parlant. C'est pourquoi, l'apprenant, Soupault se vengeait à sa manière. Il y a un petit poème de Philippe Soupault à cette époque, qui commençait comme ceci :

> Docteur Breton va-ta-l'eau
> par un temps de chien
> et tombe dans un trou

c'est à peu près cela, Breton était furieux de cette histoire.

C'est par Breton naturellement que j'ai connu Philippe Soupault, je ne savais rien de lui auparavant. Il habitait un endroit singulier, une des premières maisons de la rue de Rivoli, presqu'à la Concorde. J'avais demandé à le voir et Breton y tenait aussi. Cela ne se faisait pas pour des raisons diverses et finalement il m'avait écrit un mot pour me donner un rendez-vous, sur un petit bleu, un pneumatique et dans le petit bleu il y avait ceci :

> « à telle heure je serai à tel endroit place de la Concorde à l'entrée de la rue de Rivoli — et il y avait cette phrase dont nous avons ri pendant très longtemps Breton et moi :
> « Vous me reconnaîtrez à mes cheveux frisés »

et en effet il était tout frisé à l'époque.

Avec lui et Breton nous avons fondé peu après la revue « Littérature », en 1917 ou 1918. Elle s'est terminée avec la fin de la guerre. Nous n'avions pas un sou, moi j'étais réellement mobilisé, Breton aussi, mais Breton restait à Paris ou aux environs, il ne faisait pas la guerre.

gallimard

J'ai vu Antoine Gallimard, les choses vont très bien pour moi puisque son père et lui ont accepté la chose que je leur demandais, c'est-à-dire de ne pas être payé mensuellement mais par six mois et non pas après mais avant. C'est une des choses qui me permettent d'exister.

Tu comprends, Claude Gallimard, c'est quelqu'un qui me sait très grand gré d'une chose par rapport à sa mère. Sa mère, qui est morte depuis, a été la femme de son père, le vieux Gaston Gallimard. Gaston, à un moment donné, l'a liquidée parce qu'il a eu envie d'une autre femme, une jeune actrice, il l'a laissée du jour au lendemain. Tout ceci vers 1928.

Alors les écrivains de la NRF, qui avaient l'habitude d'aller toutes les semaines, le samedi, à des réceptions ou des cocktails, qu'elle donnait chez elle place de la Trinité, ces gens là, quand Gaston a rompu avec sa femme, l'ont laissé tomber. La malheureuse, dans la rue, assistait à cette chose : des gens qui pendant des semaines, des années étaient venus chez elle, ne la reconnaissaient pas ou passaient sur l'autre trottoir.

De tous les gens, qui travaillaient avec Gaston Gallimard, personne ne s'est conduit autrement, excepté moi. De là mes rapports particuliers, avec le fils de cette femme. On peut me raconter ce qu'on veut de lui, je sais que je peux avoir confiance totale en Claude Gallimard, parce qu'il n'oubliera jamais. C'était encore un gosse et il a vu cela.

Gaston Gallimard s'était mal conduit par rapport à moi, je lui ai répondu d'une façon telle, que son fils Claude il n'y a pas de chose au monde qu'il ne ferait pour moi. Je le sais et j'ai en lui une confiance absolue. C'est pourquoi j'ai fait de lui

mon légataire universel. Jusqu'à ce jour, il est resté stupéfait de cette chose, qui n'était jamais arrivée avec aucun écrivain. D'ailleurs tu peux voir, depuis quelques années, l'ensemble des réimpressions qui ont été faites. C'est fantastique, c'est le résultat de cette sorte de rapports.

les poètes

Je n'ai jamais fait, comme tant de gens le font, de mauvaises plaisanteries sur les poèmes des autres. Ce n'est pas facile et tout arrangé à l'avance la vie des poètes. Il y a des gens dont on ne sait pas du tout ce qu'ils deviendront. Ils deviendront peut-être davantage, ils ne le savent pas eux-mêmes.

Il y a des gens qui m'écrivent... Je suis tellement heureux de voir les gens contents de ce qu'ils ont écrit. Je n'ai pas de hargne dans ce domaine parce que les gens croient écrire mieux que je l'ai fait.

Il y a eu de très grands poètes, tu le sais et il y en aura toujours. J'ai passé ma vie à admirer des gens, je ne comprends pas pourquoi. Mais j'ai vécu dans un temps de grands poètes.

Je me souviendrai toujours comment cela se passait à Moscou dans une espèce d'école supérieure pour écrivains. Les gens, très attentifs, m'ont demandé, avec un petit air entendu, quel était pour moi le plus grand poète français contemporain. Et je me souviens de l'ahurissement de ces gens quand je leur ai dit qui c'était... Voyons qui, selon toi, a été le plus grand poète de ce siècle, en langue française ? Il n'y en a pas deux, il n'y en a qu'un, c'est Alexis Léger, qui se faisait appeler Saint John Perse. Il avait changé de nom pour ne pas avoir d'histoire parce qu'il travaillait aux Affaires étrangères. C'est lui et de beaucoup, très haut la main, avant tout le monde. Et pourtant il y a deux autres personnages qui, avec lui, font le trio : Apollinaire et Eluard.

Comprends bien, la poésie a toujours amené chez les gens de la jalousie. C'est ainsi.

vingt-cinq ans après

courbet ❧ J'essaie de travailler à un texte nouveau sur Courbet. C'est difficile. Beaucoup de choses me paraissent insuffisantes dans ce que j'ai écrit là-dessus mais j'ai maintenant une conception nouvelle de cette chose. Je vais me servir de ce que j'ai écrit en 1951 pour quelque chose de très différent de ce que j'avais entrepris — qu'on me donne seulement le temps de le faire. Je suis à un âge où le calcul ne porte pas seulement sur la nature de l'écriture mais sur la nature du temps.

J'ai fait la connaissance de Courbet vers 1904. J'étais au lycée Carnot et j'avais acheté sur l'éventaire d'un bouquiniste, un livre qui n'était pas signé. Les illustrations sont toutes des illustrations de Gustave Courbet, à l'époque cela ne me disait rien du tout, je ne savais pas qui était Courbet. J'ai acheté le livre simplement par curiosité, à cause des images. Cela valait trois sous, c'était sur mon chemin en allant au lycée. Je ne savais pas que le texte était de Courbet, avec un nom supposé, extrêmement banal. En réalité, c'était celui de Courbet, un roman, probablement le seul qu'il ait écrit. Je l'ai encore.

Ce livre-là, Daniel, je ne te l'ai pas dédié... pourquoi ? La distance Paris-Trouville *n'a pourtant jamais été entre nous une vraie distance*, *même en 1952*...

... ça fait tout de même une drôle de brèche de *52 à 77*, vingt-cinq ans si je sais compter... je l'ai repris cette nuit, chez toi, ce bouquin, dont tu dis *Dommage qu'il soit en noir*... à vrai dire : non ! parce qu'il n'avait d'abord pour raison d'être que les dessins, jusque là niés, la plupart pour moi dégringolés sur ma tête en fouillant une petite armoire dans les coulisses du Louvre... pas la peinture. Le bas-relief sur la couverture était d'un mur, à Paris, entre Péreire et sa frontière ouest, chez mon propriétaire de la rue de la Sourdière, un brave vétérinaire des chiens... le mien d'alors, une chienne, caniche, est mort, enfin morte entre mes pieds, dans la voiture de ce brave homme, c'était un peu plus tard entre St Arnoult et Paris... (la suite page suivante...).

Je n'avais jamais eu de chien ni de chienne avant celle-ci, qui était la compagne de la vieille femme que les propriétaires (un couple belge habitant l'Argentine) m'avaient laissée — avec sa chienne — par dessus le marché de la maison (1951)... La brave bête avait les onze ans classiques de la mort chez les caniches, elles nous laissait ses deux filles qui sont toutes les deux mortes à onze ans... pas la même année... après quoi Elsa n'a plus voulu de caniches...

Quel rapport avec Gustave? Aucun, et tous les rapports imaginables: mais j'avais aussi découvert le récit autographe de l'affaire de la Colonne Vendôme, écrit en prison par notre peintre. Aussi en noir et blanc... C'est le sang qui est rouge. Les caniches sont noirs, en tout cas les nôtres... et la mouette de la couverture — d'abord un bas-relief accroché quelque part en Suisse, comme une image de la patrie interdite sous les ailes d'une mouette blanche... — n'avait jamais eu couleur que du relief.

La vraie couleur de ce livre est le noir et blanc. Surtout pour le manuscrit du *Rapport authentique*, ici venu plutôt gris sur gris.

avec tout mon vieux

LOUIS

cris et aveux

❧ Tu sais ce qu'il y a, c'est que de temps en temps, devant l'immensité de ce qu'est un livre, je suis pris d'une espèce de panique. Je me dis : mais enfin, enfin, pourquoi est-ce que j'ai fait cela. Je ne suis plus réellement un homme... plutôt un chien, que l'on a attaché dans la niche. C'est très comme cela.

1928, c'est l'année où j'ai rencontré Elsa, il n'y a pas tout à fait cinquante ans.

Il y a des livres qui ferment un monde. Ils sont un point final, on les laisse et on s'en va. Plus loin, ailleurs, n'importe ! Il en est d'autres qui sont les portes de notre propre pays.

LES CLOCHES DE BALE *(Denoël)*

 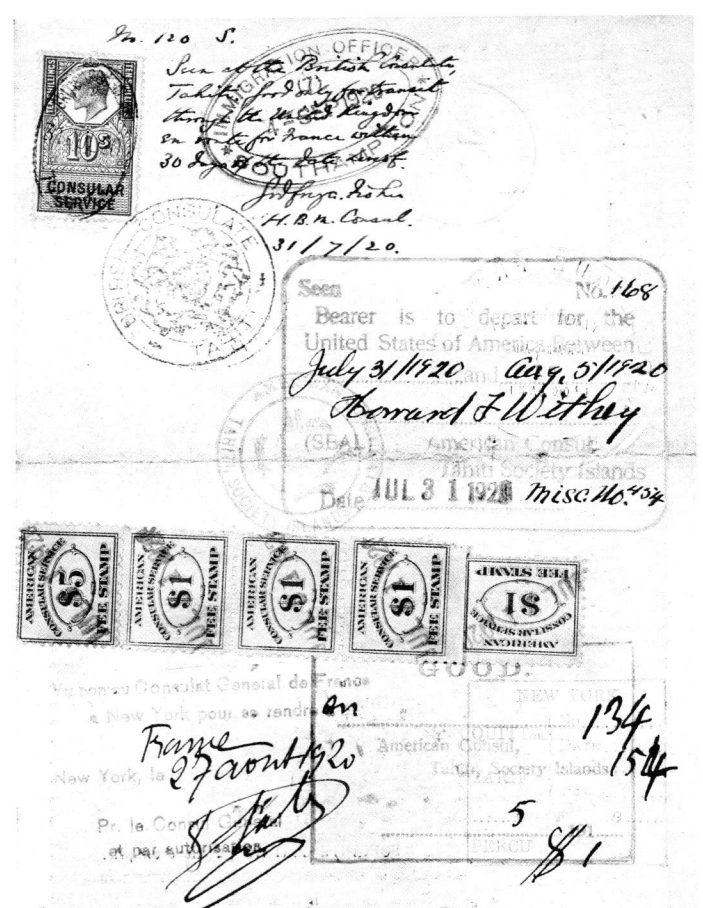

❧ Je voudrais ne plus dormir du tout, je ne dormirai pas du reste, c'est simple et en plus dans tout cela je ne fais pas ce que j'ai envie de faire du côté matériel de l'écriture. On ne peut rien me reprocher, je sais tout par avance, comme ce magazine d'autrefois. « Je sais tout » — qui n'était pas si mal. C'est là où, pour la première fois, j'ai entendu parler du facteur Cheval.

❧ Tout ce qui m'intéresse, c'est tout ce que je ne peux pas faire pour mille raisons. Je dors très peu et je perds mon temps, alors que je n'en ai plus à gaspiller. Tu n'imagines pas ce que c'est, je ne peux même pas le raconter. Cela me donne envie de vomir quand j'y pense.

J'avais vingt-trois ans, je crois bien, quand j'ai découvert que des phrases courtes séparées par des blancs constituaient le genre littéraire appelé *Pensées*... mais aussi que c'étaient les blancs qui constituaient l'acte de penser.

THÉATRE / ROMAN *(Gallimard)*

☙ Je ne peux pas aller te voir, c'est impossible. Je suis dominé par le travail que je fais, je ne peux pas l'abandonner deux ou trois jours. Je suis toujours en retard, c'est affreux. Je viens de reprendre le manuscrit, il y a des erreurs qui me sautent aux yeux, c'est un travail épouvantable. Je suis harcelé comme un criminel de droit commun, on ne peut pas espérer que cela va venir, comme des petits pâtés, les uns après les autres. Ce n'est pas comme cela la création littéraire. J'appartiens à une catégorie de gens qui sont très mal vus, qui s'appellent des écrivains. Je n'ai écrit que quatre-vingt pages et il m'en faut quatre fois autant. C'est tellement difficile de faire les choses et de les faire raisonnablement.

☙ J'ai toujours écrit à cause de quelque chose d'autre dont je ne parlais pas, toujours. Tu ne sais pas, pour arriver à ce que j'écris puisse tomber dans les mains des gens comme une chose humaine, par quoi je dois passer. Ce n'est pas croyable. Je n'ai jamais été enchanté, sauf au début peut-être.

☙ Tu sais, je m'en aperçois maintenant, je les ai un peu perdus de vue les personnages de ma vie, tous.

☙ J'ai travaillé toute la journée du dimanche et toute la nuit, c'est bien simple j'ai fait un énorme travail, par hasard fructueux. Je crois que je vais pouvoir envoyer à l'imprimeur un paquet assez considérable, c'est important que je ne sois pas dérangé, mais avec les histoires politiques actuelles — enfin bon. Seulement je veux faire passer mon travail avant tout, il n'est pas possible de faire autrement, la vie est trop courte comme l'on dit. Pour ce qui me reste devant moi il me faudrait au moins dix ans, au moins, au moins... Tu me les accordes, tu es très généreux, mais je n'en suis plus tellement sûr. Je me soigne, c'est déjà quelque chose, autrefois je ne me soignais pas.

Il y a différentes sortes d'exhibitionnisme : Parler par exemple, ou même se taire.

Théâtre / Roman *(Gallimard)*

🙤 Je ne peux pas avoir plusieurs existences, alors il faut bien que je mène celle-ci. J'aurais bien envie qu'elle soit finie, je t'assure. Je n'ai pas envie de devenir centenaire — Oh ! non — je considérerai cela comme un grand malheur. Je m'arrangerai entre temps pour trouver un bon petit coin de repos, il est déjà préparé, tu sais où. Mais il y a mon travail et ce que j'ai à faire, il n'y a que cela qui compte.

🙤 Tu sais, il y a tout de même une fin à toute chose. Que ce ne soit pas loin vraiment, je t'assure que je partirai avec plaisir, je ne ferai rien pour cela. J'espère bien que cela s'arrangera de façon à m'éviter des choses idiotes. On ne peut pas tout faire à tout âge.

🙤 Mon travail, je ne peux même pas t'en parler, parce que je suis honteux de si peu faire avec tant de choses à dire.

🙤 Je n'ai guère le temps d'être heureux, je travaille, je travaille. Si le travail se fait alors cela va mieux, s'il ne se fait pas, alors c'est horrible.

les manuscrits

🙤 Je travaille toujours à mon œuvre poétique, j'en suis aux années 1938-1939. Dans tout cela Jean Ristat joue un grand rôle. Je connais très bien tout ce que j'ai fait mais il me semble que personne ne connaît aussi bien ce que j'ai écrit que Jean Ristat.

Il a une espèce de connaissance profonde de mon œuvre, je le connais maintenant depuis dix-sept ans et ces jours-ci, en parcourant des papiers dans un tiroir, j'ai trouvé une lettre de lui où il m'appelle encore Monsieur... tout à fait au début. C'est probablement la première lettre qu'il m'a écrite mais enfin, c'est loin déjà.

Maintenant ce qui importe pour moi c'est l'histoire du CNRS. Tu sais où cela se trouve, dans la rue en face de la Bibliothèque Nationale, c'est l'appartement, la maison, très restaurée naturellement, où Stendhal a écrit « Le Rouge et le Noir ». C'est là que vont tous les manuscrits de mes poèmes ou de mes romans, mais ce qui est un peu gênant, c'est qu'il n'y a guère que moi qui fasse des cadeaux. Les autres veulent en tirer de l'argent, moi je les donne.

Mais il y a des choses que je ne pouvais pas leur donner parce que je ne les ai plus, par exemple le manuscrit des « Cloches de Bâle », je l'ai vendu à Marie-Laure de Noailles au mois de juillet 1939, un mois avant la guerre, pour pouvoir partir à New York où j'étais invité à un congrès d'écrivains, en même temps pour aller à une exposition.

Tu comprends, c'est comme cela que les choses étaient. J'ai payé le bateau, le « Normandie », sur lequel nous sommes partis là-bas, le billet de retour aussi pour Elsa et moi. Et puis il nous restait de l'argent que nous avons dépensé en six jours alors que nous croyions en avoir pour six semaines. Nous n'avions pas une idée nette Elsa et moi de ce qui se passait à New York.

En ce moment on vient de m'annoncer la visite de P.B., je ne sais pas ce qu'il me veut. Il va s'amener peut-être dans le courant de l'après-midi, probablement pour m'acheter quelque chose, un manuscrit, c'est son métier. Il se rend compte que cela a monté et montera encore. Je ne lui donnerai rien, puisque j'ai tout donné au CNRS. C'est ma petite revanche sur les gens qui font ce genre de chose, en achetant à des prix de famine. Alors non, je ne fais plus cela, j'ai assez pour vivre autrement.

J'ai toujours dit sans prudence au grand jour mes pires pensées.

Elsa *(Gallimard)*

Louis, Louis, Louis, Louis, en souviens-tu du temps où tu portais de grosses chaussettes en laine, avec de couleurs comme l'ARC-EN-CIEL, arc-en-CIEL qui traînait par terre. ### nous allions DANSER LE TANGO, W—— du temps où nous avons été éblouis par tes textes, textes en continuelle spirale, mon HOMMAGE à l'ami, au POÈTE W ARAGON

miró

table des matières

9. Le jeu de l'objectif et de l'enregistrement
21. La naissance
29. L'enfant
35. Le père
39. La mère
42. La mort de la mère
47. L'arrière-grand'mère
49. La tante Madeleine
54. L'adolescent
57. En Bretagne
67. Les dames d'antan
72. La guerre
75. Apollinaire
83. Max Jacob
85. La première chemise
89. Venise
103. L'amitié
111. Cohn-Bendit
113. Giacometti
115. Max Ernst
118. Matisse
120. Les Prévert
123. Maurice Barrès
125. Félix Fénéon
127. André Breton
128. Gallimard
131. Les poètes
132. Vingt-cinq ans après
135. Cris et aveux
138. Les manuscrits

table des photographies

En page de titre : Le portrait du portraitiste.
10. Paris. 1936.
11. Trouville. 1946.
13. Trouville. 1947.
14. Hautbois. 1952.
15. Trouville. 1947.
16. Trouville. 1947.
17. Mai 1979. Variations. Trouville. 1947.
19. Trouville. 1952.
20. 1977.
22. 1977.
23. 1977.
24. Trouville. 1979.
25. Trouville. 1979.
26. Parc du Hautbois. 1979.
27. Parc du Hautbois et Trouville. 1979.
28. Hautbois. 1979.
30. Hautbois. 1979.
31. Hautbois. 1979.
32. Hautbois. 1979.
33. Hautbois. 1979.
35. 1977.
37. 1977.
38-39. 1977.
40. 1978.
41. Carte d'identité. 1939.
43. 1977.
44-45. 1977.
46. La maison de la grand'mère à Soliès (photo Alain Toucas).
48. 1977-1978.
50. 1977-1978.
53. Aragon et sa mère.
55. 1977.
56. 1977.
59. 1977.
61. Commentant l'œuvre de Rembrandt. 1977.

62.	Commentant l'œuvre de Rembrandt. 1977.	103.	Rue de Varenne. 1977.
65.	Commentant l'œuvre de Rembrandt. 1977.	104.	Rue de Varenne. 1977.
66.	Tour Eiffel. 1977.	105.	Rue de Varenne. 1977.
68.	1977.	106.	Rue de Varenne. 1977 et 1978.
69.	1977. Devant un panneau des photos reçues. 1978.	107.	Campagne électorale. 1977.
71.	1979.	109.	Cour intérieure, rue de Varenne. 1978.
72.	1978.	110.	Une photographie partiellement coupée (vers 1922) et épinglée sur un carnet de notes. On y lit entre autres les signatures de Liptchitz, Ozenfant, Piet Mondrian, Kurt Seligman, André Masson, Yves Tanguy, F. Léger, Marc Chagall, Max Ernst, O. Zadkine, Matta.
73.	1977.		
75.	1979.		
76.	1979.		
78.	1978.		
80.	La main. 1979.		
81.	1978.	111.	Dans son bureau. 1979.
82.	Promenade dans le Parc du Hautbois. 1979.	113.	Les dessins de Giacometti dans la chambre d'Elsa Triolet.
83.	Cour intérieure, rue de Varenne. 1978.	114.	Normandie. 1979.
84.	Tour Eiffel. 1978.	115.	Les panneaux dans le cabinet de toilette. 1978.
85.	1979.	116.	1977.
86.	1979.	117.	1977.
87.	1979.	118.	Le dessin de Matisse. 1978.
89.	Un panneau des photos de Venise. 1977.	119.	Variations photographiques sur le dessin de Matisse. 1978.
90.	1977.	121.	1979.
92-93	Venise. 1977.	122.	1979.
94.	En lisant « Les Dames de Carpaccio ». 1977.	124.	1977.
95.	En lisant « Les Dames de Carpaccio ». 1977.	129.	1979.
		130.	1977.
96.	En lisant « Les Dames de Carpaccio ». 1977.	133.	Dédicace sur L'exemple de Courbet. 1977.
97.	1977.	134.	Suite de la dédicace. 1977.
98.	Venise. 1977.	135.	Dans la chambre d'Elsa. 1978.
99.	Venise. 1977.	136.	Passeport d'Elsa datant de 1920.
101.	Venise. 1977.	139.	Jean Ristat. 1979.
102.	Rue de Varenne. 1977.	141.	Dans le jardin. 1979.
		142.	Hommage de Miró. 1976.

Le présent ouvrage, mis en page et réalisé sous la direction de Charles Feld, a été achevé d'imprimer le quatrième trimestre mil neuf cent soixante-dix-neuf sur les presses de l'Imprimerie Union à Paris.
Photogravure de la Société de Réalisations Graphiques.
Papier des Papeteries Job.